成人高等教育系列教材

体能训练理论与方法

主　编　周爱国

副主编　魏宏文　胡　恒

北京体育大学出版社

策划编辑：佟　晖
责任编辑：佟　晖
责任校对：未　茗
版式设计：佟　晖　博文宏图

图书在版编目（CIP）数据

体能训练理论与方法 / 周爱国主编. -- 北京：北京体育大学出版社, 2016.4（2024.8重印）
成人高等教育系列教材
ISBN 978-7-5644-2237-0

Ⅰ. ①体… Ⅱ. ①周… Ⅲ. ①体能－身体训练－成人高等教育－教材 Ⅳ. ①G808.14

中国版本图书馆CIP数据核字(2016)第075719号

体能训练理论与方法
TINENG XUNLIAN LILUN YU FANGFA
周爱国　主编

出版发行：北京体育大学出版社
地　　址：北京海淀区农大南路1号院2号楼2层办公B-212
邮　　编：100084
网　　址：http://cbs.bsu.edu.cn
发 行 部：010-62989320
邮 购 部：北京体育大学出版社读者服务部 010-62989432
印　　刷：北京昌联印刷有限公司
开　　本：787mm × 1092mm　1/16
成品尺寸：185mm × 260mm
印　　张：14
字　　数：358千字
版　　次：2016年4月第1版
印　　次：2024年8月第9次印刷
定　　价：35.00元

前言

随着竞技体育及大众健身领域的快速发展，社会对体能训练专业人才的需求日益增加，因而国内体能训练专业方向人才的培养，需要进一步加强。教材建设是培养专业人才的重要措施，高质量的教材是提升专业人才培养的重要环节。

本教材是根据教育部关于函授教育的有关规定和国家体育总局关于体育院校函授教育指导计划的精神和要求，在北京体育大学继续教育学院的统筹安排下，结合作者多年来的函授教育教学经验，编写而成的。本教材适用于成人教育本科生和体育专业全日制本科生体能训练教学实践需求，同时也适于体育工作者从事体能训练工作时参考。

本教材具有以下四个特点。第一，注重学生应用能力的培养。在教授体能训练基本原理的同时，精心选择、设计了体能训练的基本练习和方法，为学生熟练掌握操作技能提供重要的保障。第二，教材注重内容的系统性和实用性。教材内容包括体能概论、力量训练、速度训练、耐力训练、灵敏性训练、柔韧性训练、稳定性等训练七章内容。相关章节主要从定义、分类、影响因素入手，然后介绍具体练习和训练方法，最后是测试与评估方法。第三，教材在结构编排上突出了成人教育本科生的教学特点和教学模式。教材总体结构分为面授和自学两部分，知识点明确、重点突出，教师教授和学生自学有机结合，有利于提升教学质量。第四，教材编写理念先进，所选的体能训练理论和训练方法成熟。本教材的内容主要源于编者多年来体能训练理论与方法函授讲义，同时参考美国国家体能协会体能教练培训教材及相关文献。教材涵盖了较为成熟的体能训练基本原理和方法，体现了当今较流行的基本训练理念。

本教材由北京体育大学体能教研室周爱国副教授主编，参编人员包括魏宏文副教授、胡恒副研究员。体能训练方向研究生谢永民、寇天伟、薛念华、白鹭、李勇、李宇剑等同学做了大量编写辅助工作。感谢本教材的动作示范模特吴帅、杨栋麟、翁盈盈和杨颖同学。

本教材编写中的疏漏和不妥诚望广大同行和学生提出宝贵意见，以进一步提升教材质量。

目录 CONTENTS

第一章　体能训练概论

一、体能的释义/1
二、体能训练及其意义/4
三、体能训练的基本影响因素/4
四、现代体能训练的趋势/6
五、体能训练的发展阶段【自学内容】/8

第二章　力量训练

第一节　力量训练概述/11
一、力量的释义/11
二、影响肌肉力量的神经肌肉学因素【自学内容】/15
三、力量训练需注意的问题/18
四、力量的测试【自学内容】/21
第二节　抗阻力量训练/23
一、抗阻力量训练基本技术/23
二、抗阻力量训练设计/26
三、抗阻力量基本练习【自学内容】/31
第三节　超等长力量训练/69
一、超等长力量训练释义/69
二、超等长力量训练的生理学机制/69
三、超等长力量训练需注意的问题/70
四、超等长力量训练设计/71
五、超等长力量训练具体练习/73

第四节　力量训练的基本方法和手段/99
一、力量训练的基本方法/99
二、力量训练的基本手段/103

第三章　速度训练

第一节　速度概述及反应速度、动作速度训练/106
一、速度概述/106
二、反应速度训练【自学内容】/107
三、动作速度训练【自学内容】/110
第二节　移动速度训练/112
一、移动速度的影响因素/112
二、发展移动速度的基本途径/114
三、移动速度的训练方法/115
四、速度耐力训练/120
五、跑动技术训练/122
六、移动速度训练的基本要求/126
第三节　速度评价【自学内容】/127
一、反应速度的评定/127
二、动作速度的评定/127
三、移动速度的评定/128

第四章　耐力训练

一、耐力的释义/130
二、耐力的分类/130
三、耐力的影响因素【自学内容】/131
四、有氧耐力训练/132
五、无氧耐力训练/134
六、耐力训练的基本要求【自学内容】/135
七、耐力测试【自学内容】/137

第五章　灵敏训练

第一节　灵敏概述/142
一、灵敏的定义/142
二、灵敏的分类/143

三、灵敏训练的意义/143
四、灵敏的评定【自学内容】/144
五、灵敏训练的基本要求【自学内容】/146
六、灵敏的运动技巧/146
第二节 灵敏练习/147
一、程序化灵敏练习/147
二、随机灵敏练习/152

第六章 柔韧性训练

第一节 柔韧性概述/153
一、柔韧性的概念/153
二、影响柔韧性的因素/154
三、柔韧性的作用/155
四、柔韧练习的生理机制【自学内容】/156
五、柔韧性练习的分类/157
六、柔韧性训练需注意的问题/159
七、柔韧性测试【自学内容】/160
第二节 柔韧性基本练习【自学内容】/161
一、静态牵拉/161
二、动态牵拉/168
三、PNF 拉伸/177

第七章 核心稳定性训练

一、核心稳定性概述/182
二、核心稳定性涉及的肌肉及生理学特性/183
三、核心稳定性训练设计/185
四、核心稳定性训练方法/186
五、核心稳定性评价/211

第一章　体能训练概论

内容提要

本章主要介绍了体能的基本概念，体能的基本构成及分类，体能训练的意义。重点阐述了体能训练的影响因素及体能训练的发展趋势，简要介绍了体能训练的发展阶段。

一、体能的释义

（一）体能的界定

体能是指基于人体形态、机能视角下的身体运动能力。包括力量、速度、灵敏、耐力和柔韧等身体素质以及人体的基本运动技能（如走、跑、跳、投掷、攀登、爬越和支撑等）及专门运动技能。同时我们可以参考上海辞书出版社 1984 年版的《体育词典》中的界定：体能指人体各器官系统的机能在运动中表现出来的能力。

身体运动能力可以从技术和体能两个主要视角去分析。体能强调的是在一定的技术条件下，身体运动的表现。身体运动可以分为基本运动和专门运动。身体基本运动一般包括走、跑、跳跃、投掷、攀爬等。身体的专门运动是指完成特定的动作，如网球的击球、排球的扣球等。人体形态和机能是机体完成基本运动的物质基础。形态和机能水平高低是制约体能水平的重要因素。体能的内涵揭示了体能是身体运动能力，是由形态和机能水平决定的。因而把体能分为形态、机能和运动素质的观点犯了形式逻辑学的错误，因为，形态、机能和运动素质不处于同一层面。体能的外延随着竞技体育、康复、健身领域的快速发展而不断扩展，从一开始的力量、速度、耐力、灵敏性、平衡性、柔韧性等运动素质扩展到灵活性、稳定性、动作模式、基本运动技能，这些要素作为体能的基础能力，融入体能当中。同时，专门运动技能也成为体能的重要要素之一。体能要素之间既相对独立，又彼此制约。灵活性和稳定性影响着动作模式的好坏，而基本的动作模式又影响着基本动作技能，而基本动作技能将对运动素质产生影响，运动素质的好坏又决定了专门运动技能，如图 1－1 所示。

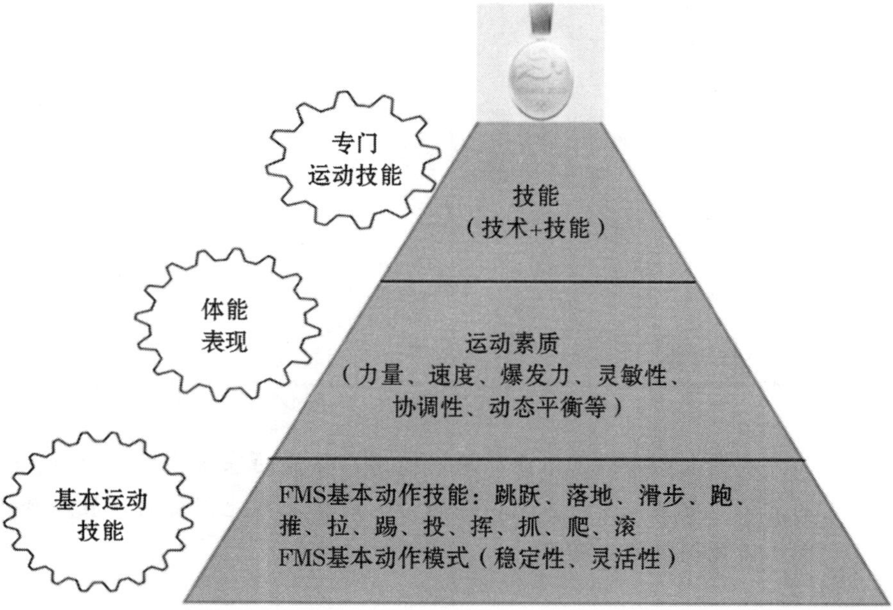

图 1－1　体能的构成金字塔

（二）体能的分类

1. 根据体能对机体运动的作用，把体能分为健康体能和竞技体能

健康体能是指机体基本健康所需的能力，反映人体的健康水平的指标包括肌力、体成分、心肺功能、柔韧、肌耐力等。竞技体能主要针对人体完成专项技术时所必须的爆发力、速度、反应、灵敏、协调、平衡等能力，这些指标直接影响运动员完成专项运动技术的质量。还有人认为，体能就是身体素质，主要包括力量、速度、耐力、柔韧、协调等身体素质。

2. 根据体能与专项的关系，把体能分为一般体能和专项体能

一般体能是指完成非专项技战术及抗疲劳的身体运动能力，是人体的基本运动能力。而专项体能是指完成专项技战术及机体抗疲劳的能力，是专项运动能力的重要影响因素之一。它是根据专项运动的生理学和方法学特点，进一步发展运动员的体能。较高的专项体能水平能够保障高质量完成专项运动技术，还有助于承受训练和比赛中更多的负荷，同时也能加速恢复的速度。

儿童阶段的一般体能训练基本上是没有运动项目区分的。例如，儿童阶段网球运动员的一般体能训练没有完全针对专项运动能力，如对运动员进行全面发展身体素质，包括灵敏、平衡、协调性和速度等运动必需的基本身体素质；跑、跳、投掷等基本运动能力；肌肉运动知觉、滑行、挥动的基本感觉（如在持械运动，如网球、冰球、垒球、曲棍球等中体会发展）；抓、踢、打击等基本动作（像在足球、排球等中用身体的一部分来完成）。大量的运动实践证明，学习和参加这些活动对青少年网球运动员未来的发展非常重要。针对儿童少年运动员过多的专项体能训练可以直接提高运动成绩，但由于忽略一般体能训练的基础作用，最终会影响运动成绩的进一步提高。

针对高水平运动员来讲，教练就必须考虑专项需求的因素和运动员自身的特点。

项目决定了专项性。竞技体育项目众多，运动技术多样，因此，运动员的体能表现及需求也是不同的。例如，篮球运动员需要较好的弹跳力；射击运动员要具备较好的稳定性；长跑运动员要具备较高的耐力水平；短距离项目要具备较高的速度水平。由此可见，在体能的构成要素中，针对不同的项目，各要素的作用是不同的。换句话说，不同的运动项目对运动员的体能需求是不一致的。

人体专门适应性决定了专项性。人体适应具有专门性并且任何专项对运动员体能都有着特殊的要求，运动员必须经过专门的适应才能提高竞技能力。例如，标枪运动员持枪臂的鞭打用力和杠铃卧推用力存在着较大差异。运动员的卧推和运动员的成绩之间的相关性很小。因此，一般体能训练不能代替专项体能训练，如果忽略了专项体能训练，机体的适应可能会朝着相反的方向发展，以至无法获得理想的运动成绩。

体能训练时，应根据专项运动的需要和个人的具体情况，合理安排一般体能和专项体能的比重。既重视专项体能对运动成绩起到的直接作用，也不忽略一般体能的基础作用。

体能是一个开放的复杂系统，由人体的形态、机能决定，同时受到心理因素及技能因素的影响，此外还受到外界因素的影响，如营养、恢复手段等，如图 1－2 所示。

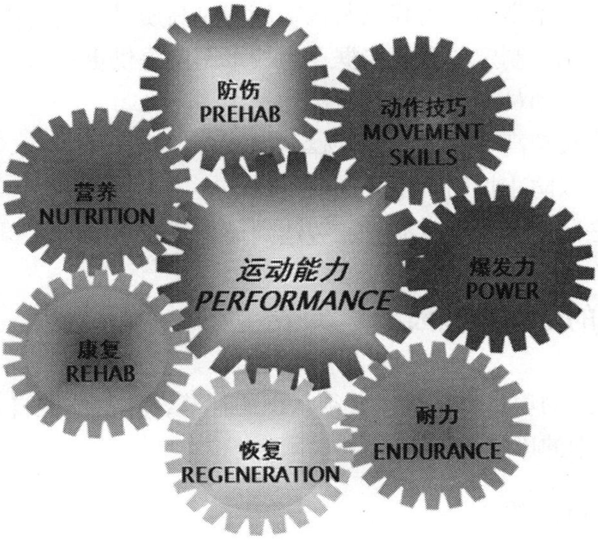

图 1－2 运动能力的影响因素

二、体能训练及其意义

体能训练是指为提高身体运动能力，对身体结构和功能有目的改造的过程。体能训练一般包括力量、速度、耐力、灵敏性和柔韧性等训练以及人体基本运动技能及专门运动技能训练。体能训练的任务包括提高运动员的基本运动能力，提高运动员的专项运动能力，提高运动员的健康水平，减少运动伤病的发生，促进运动员伤后的功能恢复等。

运动员竞技能力的提高主要是通过体能训练、技术训练、战术训练和心理训练实现的。体能就像房屋的地基，而体能训练就是在打地基。只有在地基打好、打实之后，然后再在上面加砖添瓦，进行技战术训练，那样盖起高楼大厦才能稳固。博姆帕提出运动训练要素的金字塔模型（图 1 – 3），并认为，体能训练是金字塔的基础，是缔造成绩的根本，体能的基础越扎实，技术、战术、心理的发展空间就越大。

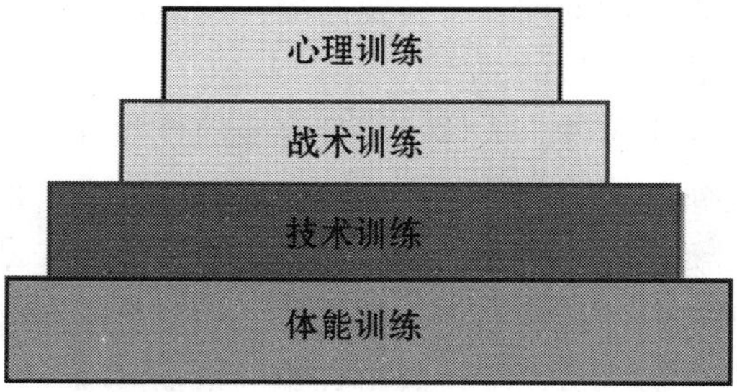

图 1 – 3　训练要素的金字塔

体能训练的意义具体表现为以下几个方面。

- 良好的体能是运动员整体竞技能力提高的必要条件，是创造优异成绩的重要保障。
- 良好的体能是技术学习、提高以及比赛疲劳时高质量完成动作的保障。
- 良好的体能为战术制定的重要依据，为战术制定提供更多的选择。
- 良好的体能对运动员心理稳定有积极的作用。
- 良好的体能是长期高负荷训练的保障。
- 良好的体能可以防止损伤，延长运动寿命。
- 良好的体能是制约青少年运动员能否达到最高竞技水平的重要因素。

三、体能训练的基本影响因素

体能训练是竞技运动项目本质规律必须认识的环节，除了体能自身的因素外，还受到其他运动成绩制约因素的影响。

（一） 运动项目的竞赛规则

规则是项目发展的指挥棒。竞赛规则对体能训练有着明确的规定性和指导性。竞赛规则中对场地、器械、比赛时间等方面的规定，为体能训练提供重要的参考价值。体能教练员必须对运动项目规则有较深的认识，这也是对该项目竞技规律认识的切入点。教练员和运动员如果忽略对规则规定性的理解和认识，体能训练中就容易和专项需求出现偏差。

一些运动项目竞赛规则的变动，对运动员体能提出新的具体要求。例如，在 2005 年加拿大蒙特利尔世界游泳锦标赛上，国际泳联技术委员会召开新一轮会议，对游泳、花样游泳、水球和公开水域比赛的规则都进行了修改。水球规则做了很大变动，其中最重要的是女子水球的场地变小：两个球门线之间的距离在 20 m 至 25 m 之间（之前是 30 m）；场地宽度为 10 m 至 20 m 之间，点球和罚球线汇聚在 5 m 线处（之前点球线在 4 m 线，而罚球线则在 7 m 线或以外）。而比赛时间由之前每节 7min 增至 8min，二、三节之间的休息时间由之前的 2min 增至 5min。此外，每队进攻时间也由 35 s 缩短至 30 s。以上规则的变化，对水球运动员的体能提出了新的要求。因此，针对规则的变化，体能训练计划、训练方法的选择和运用将会随之变化。

（二） 体能及构成要素在竞技能力中重要性认知

运动项目体能需求特征的认知对于体能训练有着重要的指导作用。在体能训练前认清体能在该项目中的作用是非常必要的。体能在不同项目中的作用是不同的。体能在一些项目中起到重要作用，有的则是主导作用。另外，对于体能不同构成要素在同一项目中作用的认识是体能训练的另一重要依据。体能训练要根据项目的本质特征及运动员的个体特征进行，认识不清体能在整个项目中的作用及体能各要素在项目中的作用，体能训练就会失去针对性。

（三） 运动项目的能量代谢系统

不同运动对机体的三大供能系统存在着差异，因此，体能训练必须依据项目的代谢特点。尤其是力量训练、速度训练、耐力训练和灵敏性训练。例如，依据体能代谢特征决定不同类型力量训练的强度。此外，短跑以磷酸原供能系统为主导，中长跑以糖酵解供能系统为主导，马拉松等长距离项目以有氧供能系统为主导。还有一些运动项目对三大供能系统都有较高的要求。正是运动项目对机体供能系统的特殊需求，在很大程度上影响着教练员对体能训练方法的设计与选择。

（四） 运动项目的技战术

体能的发展和技术是不可分割的。运动技术的完成对体能有着特殊的需求。为完成一个项目的基本运动，运动技术对运动员的身体运动有着严格的规定性，体能训练中必然脱离不了技术的成分。训练实践中，容易出现体能训练和技术隔离的现象，造成体能训练效率降低。在完成一个技术时虽然有其主要的素质，但是往往高质量的技术完成，依靠的是多素质的综合效应。例如，跳跃虽然主要是依靠下肢力量，机体的柔韧、稳定、平衡也在一定程度上影响着动作的质量。因此，体能训练要充分考虑技术的特征。此外，多元动作结构项群项目中，技术不是单一的，这就对机体体能的需求有着更广泛的要求。体能训练就必须考虑技术的专一性和综合性，制定合理的体能训练计划。

体能的主要作用之一是保障专项技术在训练和比赛中合理、有效、高质量的完成，对专项技术的分析为体能训练提供重要的参考，因此，教练员对专项技术的分析是体能训练的前提。例如，对于铅球运动项目进行的运动分析显示，铅球运动是一项全身性运动，动作的开始是运动员以半蹲俯状态站立，许多关节处于屈和内收状态，投铅球后的结束动作人体处于站立伸展姿态，许多关节处于伸和外展状态，运动中主要涉及的肌肉有：肘关节伸肌（肱三头肌）、肩关节外展肌（三角肌）、髋关节和大腿伸肌（臀大肌、股后肌群）、膝关节伸肌（股四头肌）、踝关节跖屈肌（比目鱼肌、腓肠肌）。从生理学角度看（生理学分析），铅球运动需要肌肉力量和爆发力，另外，健硕的肌肉也是有利因素，因为健硕的肌肉表明肌肉横断面较大，较大的肌肉横断面可以产生更大的力。铅球运动对肌肉耐力的需求较少。运动医学界提供的报告（损伤分析）认为，铅球运动员肩、肘等关节周围的肌肉和韧带较易劳损。

（五） 运动员个体特征

运动员的个体特征是体能教练必须认真分析的要素之一。不同年龄和不同性别的运动员在体能训练中存在着较大的差异。同时不同的体能水平及时期阶段的不同，使得体能训练计划必须因地制宜，区别对待。体能水平可以通过体能评价获知，并为教练员制定训练计划提供了客观的出发点。身体形态评价涉及运动员的力量、柔韧、爆发力、速度、肌肉耐力、身体成分、心血管系统耐力等方面的评估，测试结束以后，应将测试结果与正常值相比或与参照值进行比较，便于发现运动员的长处和不足。根据这种评价结果以便设计旨在弥补运动员不足、保持运动员长处，或进一步发展身体各项能力，以满足专项运动需求的体能训练计划。例如，从训练安全的角度，体重超过 100 千克的运动员在跳深练习时，跳深高度必须严格控制。

（六） 场地、器械等训练条件

体能训练是在场地、器械等训练条件下开展的，一些体能训练对场地器材有着严格的要求，教练员要充分考虑这些训练条件，在有限的条件下，创造更大的效益。另外，不同的场地对运动员的体能需求也是不一样的，从而将采取不同的训练计划。例如，网球运动员在较硬的场地，需要具有极大的弹性/反应力量，快速加速与减速的能力。而粘土场地，则需要设计另外的训练计划，主要提高运动员的稳定性力量、静力性力量和离心收缩力量。这些训练能使运动员能经受移动中的髋关节的大幅度运动，并能使运动员在积极和快速的移动中具有必要的稳定性，如在滑步正手接近地球。

四、现代体能训练的趋势

（一） 运动项目及体能认知的科学性——新理念

认识决定行为。行为主义心理学创建人美国心理学家华生主张心理学应着眼于有机体整体的适应性行为，无须过问这些物理和化学变化，而主要工作在于查明刺激与反应之间的规律性关系。体能训练也是由于在对体能的机能变化机理认识不清的条件下，关注于训练和适应的关系，主要模式也是刺激—黑箱—行为。随着科学技术的不断发展，对于解释人体机能如何发生变化会变得越来越准确，对于体能机理——黑箱有效的揭示，在一定程度上促进体能训练方法的科学性。同时，随着运动实践的发展，教练员对于项目的认知越来越进步，这在很大程度上影响着体能训练方法的选择和设计。体能认知科学性的提升，必然带来体能训练理念更新，新的训练理念进而促进训练方法手段体系的丰富和发展。例如，功能性训练理念促使体能教练对于动作质量、稳定性、灵活性的重视，并形成有效的训练方法体系。

（二） 方法、手段的功能性和多样性——新方法、新器材

方法、手段的选择和设计是体能训练的重要因素。常言道，“选择不对，努力白费”。选择的方法和手段是否具有针对性和功能性将在很大程度上影响训练的质量。例如，在准备期后期的力量训练中，为了更好地实现最大力量向快速力量的转变，复合训练法（Complexed Training）就是很好的选择。体能训练的最终目的是提升运动员的技能。体能训练和技能训练的融合度在未来的体能训练中会越来越明显。体能训练中两个主要的思路是发展体能和运用体能。发展体能是运用体能的基础，体能发展的平台越高，体能的应用会有更大的空间。同时存在着发展的体能不能被充分利用的现象，因此，如何充分运用体能提升专项技能是体能发展的重要趋势。体能训练和技能训练的结合，促进了运动员竞技能力的整体提高。例如，在以前仅仅是技术模仿练习中，加之于体能训练，使运动员获得的能力更接近专项比赛。再如，篮球移动训练从程序化灵敏到强调随机灵敏训练的过渡，使运动员的实战能力大大提高。

同时，训练方法的多样性也是体能训练发展的重要趋势。任何体能练习都有其局限性，因而，多样性的练习可以在一定程度上改善单一练习带来的不足，从而提升机体运动的整体性。新的体能训练理念及大量的新器材为训练方法的设计和应用提供更多的可能。一些专门器材，大大提高了体能训练的针对性和训练效益。例如，瑞士球、平衡盘、悬吊绳等器材能有效的提高运动员的稳定性和核心力量。绳梯、多角球等器材为解决运动员的灵敏性问题设计了既多样又富有针对性的练习。

（三） 加强训练过程的可控性——体能监控新系统

训练过程控制在体能训练中的价值凸现。现代体能训练对训练计划的制定和训练信息的搜集更加重视。同时，体能评价是制定训练计划的重要依据，也是评价训练效果的重要标准。体能训练在评价指标的筛选及精确测量仪器的使用，使训练评价更具时效性和客观性。在体能评价指标的选择上，所选取的指标更能反映运动员实际的体能。例如，功能动作筛查（FMS），成为传统体能测试的补充，主要从功能动作质量、灵活性、稳定性的角度评价运动员的基本运动能力。另外，体能训练中实时的训练监控也是提升体能训练效果的重要体现，如力量训练中的 Tendo 监控系统，可以有效地监控爆发力练习时功率输出的

大小。Firstbeat 则可以在能量代谢练习中，通过心率的变化监控运动员的强度。

（四） 体能训练量与质的有机结合——动作质量的关注

体能的好坏可以通过数量和质量两个层面进行分析。首先是数量上的多少，如力量、速度、耐力、柔韧、灵敏等运动素质高低。再是运动质量的高低，如稳定性、平衡、协调等能力，影响着运动员运动的质量、效率和预防运动损伤。就如一辆汽车仅具有较大功率的发动机是不行的，还必须有高质量的悬挂系统，否则汽车的油耗就会加大。

体能训练实践证明，一些教练员和运动员过多关注运动素质的发展，忽视了灵活性和稳定性、功能动作质量、基本动作技能的发展，因此，出现了大量的运动损伤和运动效率低下的现象。启示：在体能训练时，教练员和运动员不仅要关注体能数量的多少，还应关注运动质量的高低。

（五） 重视运动员健康与预防损伤——准备活动与恢复再生新练习

健康是人体运动的基石，是运动员系统训练的重要保障。同时，运动损伤破坏运动训练的系统性，影响运动能力的提高与发挥，甚至断送整个运动生涯，因而，促进人体健康水平和预防损伤是体能训练的重要目标。体能教练必须注意导致损伤的各种因素，如技术动作质量、负荷的高低、准备活动、场地器材等。同时，机体恢复再生水平是影响训练质量的重要因素，同时也是导致损伤的重要因素。体能教练还要强调机体的恢复再生，如美国 AP 公司强调的软组织放松，就是通过肌肉、韧带、筋膜的牵拉放松练习，实现恢复肌肉初长度、肌纤维修复、缓解延迟性肌肉酸痛而促进恢复进程。

五、体能训练的发展阶段【自学内容】

随着人们对体能认识的加深，以及竞技体育竞争的愈加激烈，体能训练引起教练员和运动员的高度重视。体能训练由来已久，如体能训练最早出现在古罗马诗人维吉尔（Virgil）的伟大著作《埃涅阿斯记》。该书描述了埃涅阿斯划船训练课的组织。在训练课中，划船运动员首先做了些类似准备活动的练习，然后再划船，划船过后，他们利用举石头来发展力量，在训练结束后，进行淋浴和按摩。维吉尔描述的训练课的组织和现代训练课的组织极为相似。更值得注意的是，他把力量训练融入训练课中。

然而，体能训练在竞技运动项目中专门独立分化出来的时间并不是很久。纵观体能训练的发展史，大致经历了以下几个阶段。

（一） 自发阶段

该阶段主要的特征是体能训练属于自发的、低质的，而非自觉行为。在 20 世纪 40 年代以前，由于对体能认识的薄弱，体能训练没有得到各项目教练员和运动员的重视。体能训练主要在体能项目中应用，并且，体能训练主要集中在一两个运动素质上，训练质量很低。在集体项目中运动员还没有认识到体能对运动成绩的重要作用，体能训练是运动训练的一个盲点。虽然个别运动员从体能训练中受益，但大多数人仍没有充分重视体能在竞技能力中的作用。

（二） 自觉阶段——专业协会

该阶段的主要特征是体能专业协会的成立，促进了体能训练有序的发展。20 世纪 50—70 年代，集体运动项目的运动员通过发展体能提高自己的竞技能力已非常普遍，如足球、篮球。从事个人竞技项目的运动员在 40—50 年代还不能完全接受全年体能训练的概念。例如，在参加 1948 年奥运会的几个 10 公里长跑运动员在参加比赛前只训练了 6 个月。1978 年 7 月 29 日，美国力量教练协会（National Strength Coaches Association）成立，其初始使命是联合协会成员，促进力量发展运动表现和健康领域的专业交流。1981 年 3 月 14 日美国力量教练协会改名为美国体能协会（National Strength and Conditioning Association，简称 NSCA）。其目的是接受更多的体能爱好者的参与，而不仅仅局限于力量教练。NSCA 由最初的两个（体能教练认证和私人体能教练（私教）认证）发展到现在的四个：Certified Strength and Conditioning Specialist（CSCS）、Certified Special Population Specialist（CSPS）、The NSCA - Certified Personal Trainer（NSCA - CPT）、Tactical Strength and Conditioning Facilitator（TSAC - F）。会员从最初的 76 人发展到当今的 3 万多人，美国体能协会的成立有效地促进了体能训练的快速发展。

（三） 体系完善阶段——职业化

该阶段的主要标志是体能研究体系逐渐完善，同时体能训练成为一种职业，职业体能教练出现。体能训练的科学性和艺术性促使其成为一种职业，运动队中配备职业的体能教练员，促进了运动员体能的发展。同时，职业体能教练的出现，促进了体能训练体系的完善。20 世纪 80—90 年代，除了力量训练外，体能的其他要素，无氧代谢、柔韧、灵敏其他方面的研究变得比较流行和更加重要，并被科学领域所接受。

与此同时，体能研究领域的扩展和高科技的出现，为体能训练提供了有力的支持。几乎所有的大学生运动员和职业的高水平运动员都进行全年的体能训练计划。进而，体能教练员更加渴望体能训练新理念和新器材设备为体能训练提供有力的支撑，希望新器材作为体能训练工具摆放在力量房、体育馆和运动场中。

20 世纪 90 年代，运动医学等许多跨行业的产品大量被运用，帮助提高运动能力和预防运动损伤。同时，在美国超过 150 家器材公司销售各式各样的力量和体能训练器械。新产品的发明在运动医学领域正逐年上升。药物治疗、外科技术和治疗技术被运用到治疗和预防损伤方面。运动员在训练和比赛中的运动服装、鞋子、装备和场地也不断改善，有利于运动员能力的提高。

（四） 新理念的融合——产业化

该阶段的主要特征是体能训练产业化及新理念的产生与融合。随着体能训练体系的完善，在市场化的发展模式下，体能训练的专业化成为社会新的需求，美国出现了一批以提升健康水平和竞技表现为主营业务的商业体能训练服务机构。例如，AP（Athlete's Performance）、VSP（Velocity Sports Performance）、MBSC（Michael Boyle Strength Conditioning）、IHP（Institute of Human Performance）。这些机构出现的同时，也伴随着体能训练新理念的传播和融合。例如，功能训练理念、核心训练理念、整体化训练理念、恢复再生训练理念等。这些理念与传统的体能训练交互作用，促进了体能训练科学化、系统化、专项化水平的提高。

思考题

1. 什么是体能？其构成要素有哪些？
2. 简述体能的基本分类。
3. 简述体能训练在竞技体育中的基本作用。
4. 简述体能训练的基本影响因素。
5. 论述现代体能训练的发展趋势。

第二章　力量训练

内容提要

本章总共分四节，第一节主要介绍力量的基本概念、分类、影响因素等基本原理，此外还涉及力量的测试方法及力量训练注意的问题。第二节的重点主要是抗阻力量训练的基本技术和具体练习。第三节主要讲授超等长练习的基本原理和具体练习。第四节主要介绍力量训练的基本方法和手段。

第一节　力量训练概述

一、力量的释义

（一） 力量的定义

力量是指人体神经肌肉系统克服阻力的能力。通常表现在克服最大阻力的能力——最大力量，持续克服阻力的能力——力量耐力，快速克服阻力的能力——快速力量。人体在克服阻力时肌肉收缩的速度不同，克服阻力的能力也是不同的，即人体在不同速度下动用力量的能力有所差异。Knuttgen 和 Kraemer 提出较为合理的力量的定义：在特定速度下，肌肉或肌群产生的最大肌力。因而，力量训练的目的是提高运用力量的能力。另外，以等长或低速下测得的肌肉力量，难于预测高速的运动表现，因而测试需要区别对待。人体运动时克服的阻力一般来自重力、惯性、摩擦力、流体阻力和弹性力等。

（二） 力量的分类

1. 根据力量与运动专项的关系，力量分为一般力量与专项力量

一般力量是指身体各部位肌肉在完成一般收缩和伸展，而非特定的专项动作时，对抗和克服阻力的能力，如卧推和深蹲时表现出来的力量，针对短跑运动而言属于一般力量。针对高水平运动员的一般力量训练，教练员必须考虑专项需求的因素和运动员自身的特点。而儿童少年阶段的力量训练可以不考虑专项需求的因素。

专项力量是指在时间、空间特征上，严格符合专项竞技动作要求的肌肉收缩能力，也就是说，在动作结构、力量性质、肌肉收缩方式等方面都严格符合专项动作特点的肌肉收缩能力。如标枪运动员持枪臂的鞭打用力和杠铃卧推用力存在着较大差异。鞭打力属于专项力量，卧推的最大力量则是一般力量。

一般力量和专项力量相互影响，相互制约。专项力量的提高应以一般力量为基础。运动员一般力量水平低，将会限制专项力量的提高。但是，一般力量不能代替专项力量，如果忽视专项力量，机体的适应可能会朝着不利的方向发展，以至无法获得理想的运动成绩。另外，一般力量和专项力量是相对的。一般力量随着运动项目的变化，可能成为专项力量，同样，专项力量也可能转变成一般力量。例如，深蹲时的力量相对于篮球运动是一般力量，而相对于举重运动则属于专项力量。

2. 根据力量和体重的关系，力量分为相对力量和绝对力量

绝对力量是指在不考虑体重的条件下，所表现出来的最大力量。在此意义上，绝对力量和最大力量的含义相同，可以通过对抗外界负荷的力值表示。例如，美国大力士布伦特·迈克塞尔具有非常高的绝对力量：体重 150 千克，而杠铃深蹲 547 千克，杠铃卧推 272 千克，硬拉 364 千克。在面临高水平的对抗运动项目中，运动员的绝对力量是非常重要的。例如，格斗运动员、足球的前锋、英式橄榄运动员、铅球运动员等。然而，脂肪的增加对于运动能力来讲是致命的。因为脂肪的增加导致体重增加，而力量没有提高，这将使运动员移动减慢，疲劳提前，甚至导致损伤。

相对力量是指运动员单位体重所具有的最大力量。相对力量 = 最大力量/体重。例如，大力士托马斯·詹姆斯·霍纳能以 67.5 千克的体重深蹲 365 千克的杠铃，相对力量达到了 5.439。值得注意的是，相对力量值的单位是牛顿/千克。相对力量是单位体重力量的大小，在一定程度上反映肌肉质量的好坏。在克服自身体重的位移性运动项目中和分级别的运动项目中，相对力量具有十分重要的意义，直接影响运动员场上移动时加速和减速的能力。相对力量越强，运动场上移动越轻松。优秀的跳跃和体操运动员都具有较高的相对力量；另外，对相对力量要求较高的项目（跳高、排球等项目），提高最大力量的同时，尽量控制肌肉横截面过度增大。

3. 根据力量在运动中的功能，力量分为稳定性力量和爆发性力量

稳定性力量是指在运动中保持肢体关节稳定的肌肉的力量。运动中的关节稳定性需要

精密的控制和肌肉的协同工作。人体某些肌肉有特殊的稳定功能，称作深层稳定肌，它们位于关节附近，在神经系统的精密控制下主要负责关节局部的稳定性。稳定肌群锻炼得越充分，身体的力量发挥就越好，动作更快，最重要的是可以减少这些肌肉的张力性微细损伤。在全身运动中，稳定肌群起到产生力量、传递力量和控制力量的作用，因此受到教练员和运动员的重视。

爆发性力量是指在一个爆发性动作或一组强有力的突然移动过程中发力的能力，主要是指肌肉快速收缩产生力量。表层运动肌实施运动。它们一般远离关节、肌肉粗大、产生的力矩也较大，主要负责运动关节和应对外源性应力。运动员的最大力量、快速力量、爆发力等都属于爆发性力量，在快速克服阻力运动中起着决定性作用。因而，爆发性力量训练一直作为运动员力量训练的重点。

稳定性力量是爆发性力量的基础，教练员仅仅提高运动员的稳定性力量是不够的，因为快而有力的收缩是爆发性力量的主要功能。同理，教练员仅仅发展爆发性力量也是不合理的，因为稳定性力量在动作过程中能够充分募集相关肌群、协调收缩、提高用力效率。

4. 根据完成不同体育活动所需力量的特点，力量分为最大力量、快速力量和力量耐力

（1）最大力量

最大力量是指肌肉通过最大随意收缩克服阻力时所表现出来的最高力值。随意收缩是指不刻意要求动作速度。例如，卧推、深蹲杠铃的最大力量。肌肉最大力量在不同项目中的作用是不同的，主要取决于肌肉所对抗阻力的大小。对抗阻力越大，最大力量的作用就越明显，如举重；相反，克服外界负荷较低时最大力量的作用就明显降低。（图 2－1、表 2－1）

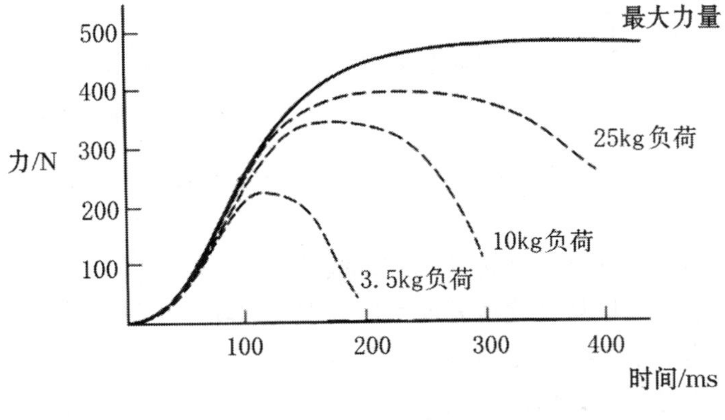

图 2－1　最大力量与外加负荷强度关系图

（引自：运动生物力学——运动成绩的提高与运动损伤的预防）

表 2－1　最大力量和外加负荷的相关系数表

负荷/kg	相关系数
25	r = 0. 85
10	r = 0. 66
3. 5	r = 0. 50

（引自：运动生物力学——运动成绩的提高与运动损伤的预防）

（2）快速力量

快速力量是指神经肌肉系统在一定时间内产生最大力量的能力，它是力量与速度有机结合的一种能力。快速力量对短跑、短距离游泳、短距离自行车、短距离滑冰、击剑、跳跃、摔跤、拳击等项目的运动成绩有着决定性作用。

根据快速用力的特征可以将快速力量分为起动力量和爆发力。（图 2－2）

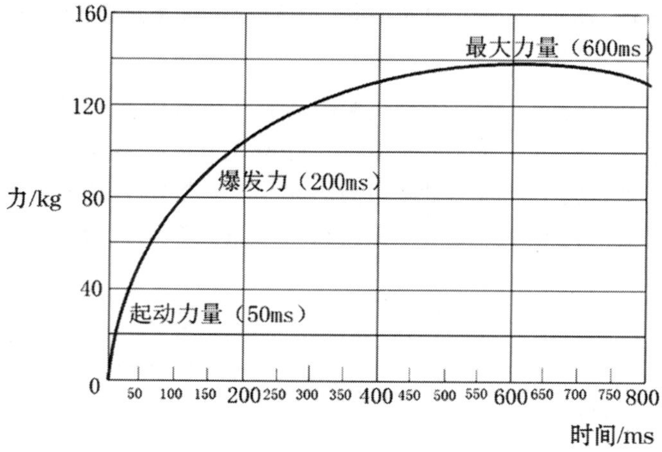

图 2－2　不同力量类型的时间特征

起动力量是指运动员在静止状态（预备或起始姿态）下快速发力的能力。起动力量在体育运动中非常重要，可以最佳化地完成动作。发展起动力量将有助于运动员的起动速度和加速能力，如拳击、击剑、空手道等运动项目。

爆发力是指张力已经开始增加的肌肉以最快的速度克服阻力的能力。换句话说，爆发力是指完成一定动作时功率输出的能力。例如，举重、铅球等运动项目，对运动员力量的快而有力的输出提出更高的要求。

（3）力量耐力

力量耐力是指运动员在静力性工作中长时间保持相应强度的肌紧张或在动力性工作中多次完成相应强度的肌肉收缩的能力。前者称为静力性力量耐力，后者称为动力性力量耐力。动力性力量耐力又包括最大力量耐力（重复表现最大力量的能力）、快速力量耐力（重复快速表现大力量的能力）以及长时间力量耐力（多次重复表现一定力量的能力）。

不同运动中，机体对抗的阻力存在着差异，因此，肌肉力量耐力具有专项性。例如，短跑运动中肌肉要维持并保持较高收缩能力，其反映了机体的高强度力量耐力。而长跑运动中，肌肉要维持较低强度、较长时间的工作能力，其反映了机体低强度下的力量耐力。

另外，运动员的力量耐力兼有力量与耐力的双重特点，既要求肌肉具有较大的力量，又要求肌肉能够长时间地坚持工作。可见，力量耐力的决定因素也表现出双重的特点。当持续工作的时间较短时，如 100 m 跑，运动员对最大力量的大小有较高的要求；而随着持续工作时间的加长，如 10000 m 跑，运动员对长时间力量耐力的要求则有明显提高。

(4) 三种力量类型的关系

最大力量和快速力量并非是两种互不相干的事物，他们之间拥有一些共同的神经肌肉学基础，但是又不完全一致。例如，运动单位的动员和激活频率共同影响着最大力量和快速力量，从这一点上看，他们联系密切。最大力量是快速力量的基础，在克服较大阻力的运动中，最大力量水平的高低制约着快速力量的水平。高负荷强度下的练习，运动单位的动员和激活频率得到提高属于神经适应。因此，快速力量训练和最大力量训练都要求较高的训练强度。然而在超等长运动中所表现的快速力量与最大力量之间的关联很低。超等长运动中的快速力量取决于神经支配模式的结构和肌腱系统的训练状态，即牵张反射和肌腱的弹力。

最大力量制约着力量耐力的高低，换句话说，最大力量的提高有助于力量耐力的提高。然而，力量耐力的提高，不能带来最大力量的增加，甚至会造成最大力量的下降。最大力量和力量耐力之间的影响具有不可逆性。

二、影响肌肉力量的神经肌肉学因素【自学内容】

力量除了受到诸多神经肌肉学因素的影响，还受到年龄、性别等因素的影响。

（一） 运动单位动员

肌肉收缩时产生张力的大小与兴奋的肌纤维数目有关。肌肉收缩时兴奋的肌纤维数目越多，产生的张力就越大。运动单位动员也可称为运动单位募集。运动单位的动员数量受到外界负荷影响，外界负荷越大，神经发放的冲动就越强，动员的肌纤维就越多。不同的个体肌纤维的动员能力方面存在着差异。训练水平低的运动员一般只能动员 60% 左右的肌纤维，而训练水平高的运动员可以动员 90% 的肌纤维。

力量训练必须了解运动单位动员的原则。根据神经元的体积原则，神经元的体积越小，在一般性运动中越容易募集，并且最常使用。神经元体积大的运动单位在募集过程中列在最后，只有肌肉在完成较大用力时被动员，因而最少被动用。但是，运动单位动员顺序并不是一成不变的。某块肌肉的某些运动单位，对某一练习有较低的募集阈，而对另一练习则有较高的募集阈，因而力量训练要遵循运动的专项性。教练员力量训练的启示是注意力量训练方法的多样性和专项性。

（二） 肌肉协调

肌肉协调是力量增长机制中的神经适应机制，是依靠神经募集肌纤维和神经冲动发放频率提高实现的。不同肌群甚至同一肌群的不同运动单位之间应具有一定的神经肌肉协调性。肌肉协调分为肌肉内和肌肉间的协调。肌肉内协调是指运动单位之间激活的具体形式，主要表现在运动单位的同步性和协同性。例如，局部肌肉肥大现象，说明了一种专门练习可以引起某一局部肌肉肥大而其他肌肉不会产生，如健美运动。另外，运动单位的激活在低强度作用下是不同步的，在较高的强度下肌纤维能表现出较高的同步性。力量训练能够提高运动单位的同步性，并能提高在较低强度下的同步性。值得注意的是同步性在弹性活动中起到重要的作用，它是快速力量训练方法设计的重要依据。然而，在等长收缩练习时，运动单位的同步性对最大力量的影响程度最小。

肌肉间协调是指在特定的任务下肌肉之间的相互作用和激活形式，主要表现为单关节中主动肌和对抗肌的作用，还有多关节运动中主动、被动、协同及固定肌群之间的协调作用。另外，肌肉的参与经常有某种顺序，肌肉的用力顺序是反映肌肉协调的重要方面。例如，挺举动作时，在开始和举起杠铃的初期，斜方肌必须放松，而在上挺时才收缩用力。然而，有些高水平运动员在开始阶段收缩斜方肌，从而影响到动作质量。运动实践中，运动往往涉及多关节、多肌肉，因此，力量训练肌肉间的协调应受到教练员和运动员的高度重视。

（三） 弹性能和牵张反射

肌肉具有弹性，当肌肉被拉长时，弹性能被贮存起来，收缩时又被释放出来，加大收缩力量。但是如果肌肉被拉长后，不能快速收缩，储存的弹性能将转化为热能被消耗，进而影响力量的大小。超等长练习是指肌肉在离心运动之后快速进行向心运动的练习。超等长练习是一种相对独立的运动类型，是利用肌肉的弹性能和肌梭感受器的牵张反射来增加肌肉力量。牵张反射是指当肌肉被快速拉长时引起肌梭感受器兴奋，发放神经冲动到中枢神经系统，然后神经中枢系统发放指令要求肌肉快速收缩，恢复肌肉正常长度。超等长练习可以通过改善神经系统的适应性，有效提高支撑力、弹跳力和鞭打力等。

（四） 肌纤维类型

根据肌纤维的收缩特征的差异，肌纤维分为快肌纤维和慢肌纤维两大类。两类肌纤维类型具有不同的生理学特性（表2－2）。运动员快、慢肌纤维比例的高低，影响着他所从事的专项运动。运动快肌纤维比例高的运动员能够产生较高的功率，具有较高的速度潜力，适宜于从事短跑运动。慢肌纤维比例较高的运动员则具有较好的耐疲劳能力，适合于从事越野跑、马拉松和其他有氧需求较高的运动。

表 2－2　肌纤维类型的主要特性

特性	Ⅰ型慢缩肌	Ⅱa 型	Ⅱb 型
收缩速度	慢	快	快
产生的力量	低	适中	高
形成的爆发力	低	高	高
耐力	高	适中/低	低
有氧催化酶	高	适中/低	低
无氧催化酶	低	高	高
疲劳度	低	适中/低	高
微血管密度	高	适中	低
肌纤维直径	小	适中	大
线粒体密度	高	适中	低
ATP 酶活性	低	高	高
肌红蛋白	高	低	低
色泽	红	白（红白之间）	白

（引自《体能训练指导》，备战 2008 奥运会科技专家组编印）

肌纤维之间的转换问题仍存在着争议。但是力量训练，尤其是爆发力训练可以增加Ⅱ型肌纤维横截面积的比例。同样，也有研究显示，几个月的耐力训练可以使快 B 型转化为快 A 型，其中少量的快 A 型纤维可以转化为慢肌纤维。

（五）肌肉横截面积

肌肉的生理横截面积是力量增长机制中的肌肉适应机制，是依靠能源物质的消耗与补偿实现的。肌肉横截面积越大，肌肉力量就越大，相反亦然。肌肉力量的大小和肌纤维所含的 ATP 酶头部数量相关，由于每条肌纤维所含的 ATP 酶头部数量相同，所以，肌肉力量的大小与肌纤维横截面上肌原纤维的总数呈正比，或大致与横截面积成正比。

竞技体育中不同体重级别的划分很好地说明了肌肉横截面积对肌肉力量的影响。例如，拳击、柔道、摔跤和举重。此外，对最大力量需求较高的运动项目而言，教练员往往通过肌肉横截面的增加来提高最大力量。

（六）生物力学及人体测量学因素

肌肉、骨骼结构、身高、四肢长可以改变整个肌肉杠杆系统的机械利益。人体的解剖结构存在相当大的差异，包括肌腱在骨上的附着点。如果一个人的肌腱在离关节中心较远的位置与骨接合，则可以举起较重的负荷，因为肌肉的力臂较长，而产生较大的力矩。

另外，运动员体重身高的比例影响着力量的大小。拥有较高的体重身高比例，对于举重运动员是有利的，因为它可以提供较大的力量。该指标可以在一定程度上反映肌肉生理横截面的大小。例如，两个运动员肌肉重量相同，而具有不同的身高和四肢长，那么，较矮的运动员具有较高的肌肉横截面，进而能够产生较大的力量。

三、力量训练需注意的问题

（一）力量训练技术的规范性

力量训练中包含着大量的技术，如杠铃、哑铃以及力量训练器械练习所包含的握法，最佳的身体姿势，关节活动范围、运动速度，呼吸方法，佩戴举重带以及保护技术等。力量训练技术的规范程度制约着训练质量和受伤的可能性，应当重视。

除此之外，力量训练技术还包括杠铃练习技术、哑铃练习技术、组合器械技术以及超等长练习技术等。每一练习技术都有自身的特殊要求。例如，背蹲杠铃技术要求膝关节不要过度前屈，这有利于保护膝关节和韧带。规范的技术还可以使机体承受更大的负荷强度，更好地刺激股四头肌和臀大肌。

（二）力量训练内容的次序性

1. 身体部位的顺序性

力量训练可以从上半身开始，也可以从下半身开始，这取决于运动员个人的需要。腰腹部练习应安排在最后进行，如果腹部练习安排在前面进行，将会导致腰腹过早疲劳，削弱腰腹的支撑稳定功能，并容易导致腰部损伤。

2. 大小肌肉群的顺序性

首先要进行大肌肉群的练习，然后再进行小肌肉群的练习。大肌肉群的练习动用一组或多组大块肌肉（如胸、肩、背、髋、大腿），涉及两个或更多的关节，在专项运动中起着重要作用，因而优先发展。例如，高翻、抓举、背蹲杠铃等练习，应首先安排。小肌肉群的练习通常动用较少的肌肉，涉及的关节单一，如屈肘练习、肱三头肌下压等练习，对提高专项水平的重要性较低，因此，安排在后面进行。如果小肌肉群训练安排在大肌肉群训练的前面，疲劳的小肌肉群将对大肌肉群的肌纤维募集产生消极影响。再者，在小肌肉群疲劳的情况下，参与大肌肉群的运动容易导致损伤。

3. 主动肌与被动肌的次序

人体的直立行走和运动，使人体趋于屈的动作。加强屈肌肌群的动作有利于保持身体姿态。因此，在力量训练顺序上应先练习屈的肌群，再练习伸的肌群。例如，胸部、背部，腘绳肌和股四头肌，肱二头肌和肱三头肌，这样的练习顺序对身体动作和姿势不会产生负面影响。

（三） 力量训练的整体性

1. 力量练习多样化

力量练习多样化有助于提高肌肉力量的整体性。一种练习仅对肌肉在该动作下产生刺激，因此，肌肉的适应很难体现整体性。研究认为每组肌肉进行三种以上的练习能更有效地增加肌肉体积。这说明不同的练习有利于提高肌肉的整体性。美国 NBA 力量训练计划中，为提高肌肉力量的整体性，在周一、周三、周五三次力量训练中针对同一部位的肌肉安排不同的练习。例如，周一和周五安排平凳卧推和背蹲杠铃练习，周三则安排斜凳卧推和坐姿蹬腿练习。这样的安排，促进了同一部位肌肉的整体发展，提高了动力肌群的整体性。

2. 大肌肉群和小肌肉群的关系

大肌肉群是人体主要发力源，是影响最大力量的主要因素。机体深层小肌肉群具有稳定功能，为大肌肉群发力提供稳定的支撑，进而提高肌肉用力的效率。远端的小肌肉群既可以协同大肌肉群发力，还可以对技术动作进行精细调节，以保证技术的完整性和有效性。

3. 单关节力量训练和多关节力量训练的关系

在竞技运动中，运动方式多属于多关节运动。虽然单关节力量训练较容易控制，局部肌肉力量能够得到显著提高。但是过多的单关节练习对运动的整体作用并不显著，甚至影响力量发展的整体性。在力量训练中，重视多关节力量训练，能够保障专项运动的发展，促进不同肌肉间的协同。同时，多关节力量训练也要注意练习的动作形式和用力顺序，尽量与专项技术相吻合，实现力量的整体发展。

（四） 力量训练的专项性

力量训练的专项性是指力量训练时发展直接用来完成动作的肌肉群，并尽可能地模拟专项实际的动作结构、动作节奏及动作速度。

1. 运动项目力量需求的特殊性

不同运动项目对力量的需求存在着差异，认清运动项目需求的力量类型是实现力量训练专项性的重要前提。例如，最大力量在举重运动中作用显著，而最大力量对于耐力运动的作用相对降低。在明确专项所需的力量类型后，力量训练才能体现专项的特点。一些快速力量项目要求在非常短的时间内产生较大的力，功率的输出能力是这些项目获取成功的关键。例如，跳台滑雪运动员下肢伸展的最大力量不比未经训练者高，但跳台滑雪运动员能更快地达到最高力值。

2. 力量训练的运动方式存在着特殊性

运动方式影响着机体神经肌肉等内部机制的适应性变化，虽然运动中动用的肌群相同，但是由于运动形式的差异，导致肌肉产生专门适应性。对某一运动方式适应的运动机理与技术学习过程和肌肉协调性的作用有关。有实验证明，力量提高的幅度取决于测试采用的运动方式与实际训练采用的方式相吻合的程度。专项运动方式是特定的，与专项动作形式差异较大的练习，专项力量的提高是有限的。力量训练的运动方式与专项动作的吻合程度是衡量力量训练专项化的重要标志。

3. 肌肉力量发挥的方向性

肌肉力量存在着方向性。如跳高、起跳的起跳角度；篮球、排球的起跳角度。肌肉的固定方式是肌肉的方向性的重要体现。肌肉固定方式分为远固定、近固定和无固定。肌肉力量的提高和三种固定形式存在着重要的关系。近固定提高主动肌的同时，还有利于近侧点固定肌群的协同作用，而对于远侧点的作用不明显。尤其是在游泳、皮划艇等具有远固定特征的运动项目中，应加强远固定方式的力量训练。

4. 专项负荷强度的规定性

运动单位的动员存在着选择性适应，不同的训练强度动员的肌纤维是不同的。力量训练要与专项需要的负荷强度一致，才能够很好地完成肌肉力量的专项性改造。例如，慢肌纤维需要的动员阈值低，长跑运动员力量耐力训练的强度不应太高。而快肌纤维的动员强度要超过90%最大力量，所以短跑运动员的快速力量训练强度应较高。

5. 注重肌肉的放松

力量训练后，要特别注意使肌肉放松。肌肉在力量训练后会产生肌肉酸胀感，肌肉酸胀是肌纤维增粗现象的反映，也是力量增长的必然。但应采取积极措施消除肌肉的酸胀感，以利于减少能量消耗，并更好地保持肌肉弹性。在运动训练实践中，教练员多采用不同部位的交替训练，以利于肌肉的恢复。另外，在训练周期中，负荷安排应大中小结合，循序渐进地提高负荷量度。尤其是多关节大肌肉群的力量练习，训练强度要高低结合，否则很容易形成过度训练。

（五）遵循儿童少年力量训练生理学特征

1. 儿童少年力量发展敏感期

8岁以后，男、女孩力量开始显露差别，男孩绝对力量自然增长的敏感期为11～13岁，而后，绝对力量增长速度缓慢，到25岁左右最大。女孩10～13岁，绝对力量增长速度很快，三年中总的绝对力量可提高46%，13～15岁绝对力量增长速度下降，15～16岁回升，16岁以后再度下降，到20岁左右基本上可以达到能够达到的最大力量。在儿童少年时期，速度力量的发展比绝对力量发展得快一些，早一点。7～13岁是速度力量发展的敏感期，13岁以后男孩增长得比女孩快。力量耐力的自然发展趋势较为稳定，男孩7～17岁之间基本处于直线上升趋势；女孩13岁以后增长速度缓慢，14～15岁甚至出现下降。

2. 儿童少年的生理特征

儿童少年骨骼系统中软组织多，骨组织内的水分和有机物较多，无机盐少，骨骼弹性好，不易折断；但坚固性差、易弯曲，因此，儿童少年不可进行大强度训练。在这个期间应多做发展力量耐力的训练，通过小负荷，特别是克服自身体重的练习，如做俯卧撑，仰卧起坐，反复下蹲等练习，使全身肌肉力量得到发展，增加肌肉中毛细血管和肌红蛋白的数量，改进输氧功能。

3. 儿童少年力量练习的选择

儿童少年在力量练习的选择时，应以动力练习为主，少用或不用静力性练习，特别要尽量避免出现憋气动作，以免因胸内压的突然变化而影响心脏的正常发育。

4. 儿童少年力量训练的基础性

儿童少年力量训练要以身体全面发展的力量训练为主，不要过早强调与专项运动技术相结合。尤其是对抗类及体能类项目，过早的专项化，会导致运动员难以达到运动的最高水平。

四、力量的测试【自学内容】

（一）最大力量测试

最大力量测试一般可以分为静力性测试、动力性测试和等速测试。在肌肉的动态评定和静态评定，两者都有不足之处。用完成最大重量的动力性练习评定运动员最大力量的不足之处在于，随着肌肉工作时关节弯曲角度的变化，肌肉工作的力量也处于不停地变化之中，所以，评定的结果并不十分准确。而采用静力状态的手段评定运动员的最大力量，对周期性运动项目意义不大，肌肉在静力状态下测出的最大力量即使很高，也不意味着运动员比赛时肌肉在动力状态下也具有相当高的水平，况且用静力练习仅仅只能评定在某一静止姿势的力量，并不能代表整个动作过程的力量。比较精确的最大力量测试方法是等速测试，该测试属于实验室测试，主要通过肌肉在较慢角速度下的最大力量测试方法。

场地测试的准确度相对于等速测试要差一些，但是测试的动作与专项动作的相似性比实验室测试要高，因此，具有更强的专项性。

最大力量测试的主要意义包括：第一，确定力量训练强度；第二，最大力量测试值与体重的比值（相对力量）能够更好地反映加速能力；第三，反映左右肢体重要肌肉及主动肌和对抗肌的平衡问题。最大力量主要测试动作包括：卧推杠铃、卧拉杠铃、蹲杠铃、坐姿蹬腿等。

最大力量测试流程

（1）名称：背蹲测试与体重比。

（2）目的：测试下肢蹲起的最大重量及相对力量。

（3）操作过程：

① 指导运动员以小负荷（轻松做起 5 ~ 10 次的负荷）进行热身；

② 热身后间歇 1min；

③ 增加负荷，使运动员能完成 3 ~ 5 次重复，增加方式如下（热身性试举）：

· 下肢测试：14kg ~ 18kg 或 10% ~ 20%；

· 下肢测试：7kg ~ 9kg 或 5% ~ 10%

④ 休息 2min;

⑤ 增加负荷，使运动员能完成 2 ~ 3 次重复，增加负荷方式同③（保守性试举）;

⑥ 2min ~ 4min 休息;

⑦ 按照③增加负荷;

⑧ 令运动员进行 1RM 试举;

⑨ 如果运动员成功，休息 2min ~ 4min，再由⑦开始重复;

如果运动员试举失败，休息 2min ~ 4min，按如下方式减小负荷;

然后回到⑧。

继续增加或减小负荷，直到运动员可以以完好的技术完成一次重复的最大重量测试，最好在 5 次测试之内找到 1RM。

（4）动作要求（略）

（5）测试结果分析：蹲起最大力量和体重的基本比率为男子 2:1，女子 1. 5:1。如果运动员的体重为 80 千克，男子应该蹲起 160 千克，女子蹲起 120 千克。针对高水平运动员，能够蹲起个人体重的 2. 5 或 3 倍体重（男子），2 或 2. 5 倍（女子）是比较理想的。如果低于基本比率，则需要增加下肢最大力量。

（二） 快速力量测试

快速力量的大小，通常采用动力曲线描记图分析评定，如下肢蹬地力量或上肢击打力量的动力曲线。

力量房里，快速力量测试的动作主要是抓举、高翻和挺举等。

在周期性运动项目中，也可以通过各种形式的速度综合测定，来评定快速力量。例如，周期性运动项目的出发和加速段的时间（游泳：从发令到 10 m 的时间；田径短跑：从发令到 30 m 的时间；自行车：从发令到 50 m 的时间）。

非周期运动项目中，可以通过跳跃（纵跳、立定跳远、立定三级跳等）评价下肢的快速力量；通过胸前推实心球，左右抛实心球等评价上肢及躯干的快速力量。

（三） 力量耐力测试

对力量耐力的评定多采用多次重复完成比赛模仿动作的方法，根据运动员重复的次数进行评定。这种方法要求测试动作的运动形式和神经肌肉工作方式的特点都与比赛动作接近，如自行车运动员在功率自行车附加阻力的蹬踏；划船运动员在专门的力量练习器上划桨；田径运动员在活动跑台上走、跑等。也有人提出用力量耐力指数来评定运动员的力量耐力。力量耐力指数等于练习器械的阻力（千克）乘以动作的次数。即：力量耐力指数 = 练习阻力 × 重复次数。

针对局部肌肉的力量耐力进行评价时，应选择该部位肌肉的最大重复次数或一定时间内完成的次数。如 1min 仰卧起坐、最大次数仰卧起坐等。

（四） 肌肉平衡测试

名称：大腿前群肌肉与后群肌肉力量对比测试

目的：通过对大腿前后肌群力量的测试，发现运动员是否存在着肌肉失衡的问题。

测试方法：实验室等速力量测试最佳；或是场地组合力量训练器械测试。

结果分析：以千克为单位，分别计算屈膝肌群力量与伸膝肌群力量的比值。例如，某运动员的右腿屈克服的阻力是30千克，伸克服的阻力是50千克，屈伸比为30/50 = 60%；左腿屈克服的阻力是20千克，伸克服的阻力为40千克，屈伸比为20/40 = 50%。屈伸平衡的标准是70以上。显而易见，该运动员的屈肌力量薄弱，应单独发展。另外，左右腿之间相比，右腿明显高于左腿，左右腿的平衡标准是差异不超过10%。因此，该运动员还要加强左腿的力量训练。

第二节　抗阻力量训练

一、抗阻力量训练基本技术

抗阻力量训练是指机体对抗外界负荷，提高肌肉力量的训练。抗阻训练手段一般包括杠铃、哑铃等器械不固定、动作轨迹不完全固定的自由重量练习以及动作轨迹固定的组合力量器械练习。两种基本练习手段对于机体的刺激存在着一定的差异，自由重量练习具有不稳定的特点，在提高力量的同时，加强对近固定端的稳定肌群的作用，因而产生更好的力量训练效果。组合力量器械练习运动是相对固定的，因而对于稳定肌群的作用极小。另外，组合器械大多是单关节运动，因此，对于肌肉在运动中功能的作用相对较小。

虽然自由重量练习和组合器械练习有着不同的作用效果，但是在训练中，具有一定的共同的练习技术。自由重量练习以及力量训练器械练习都包含握杠、握哑铃、握把手的技术、最佳的身体姿势、肢体姿势，关节活动范围、运动速度、呼吸方法、举重带的使用及监护的基本技术。

（一）抓握技术

抗阻训练中有两种最常用的抓握方式：1. 正握：掌心向下，指关节向上，也称上手握法；2. 反握：掌心向上，指关节向下，也叫下手握法。还有两种使用较少的握法：3. 变化型握法：一只手正握，另一手只反握；4. 钩子握法：与正握类似，只是拇指压在食指和中指之下。钩子握法是进行爆发力练习时的常用握法，可以握得更紧。在所介绍的握法中拇指都是包着杠杆的，这种情况统称为闭合式握法。如果拇指没有包住杠杆，这种握法称作开放式握法，如高翻最后握杠铃的手型，如图2－3所示。

正确的抓握技巧还应包括正确的握距。图2－4显示了三种不同的握距：普通握距、宽握距和窄握距。在大多数练习中，两手距离与肩同宽。握距的选择是和训练的目的相关联的。

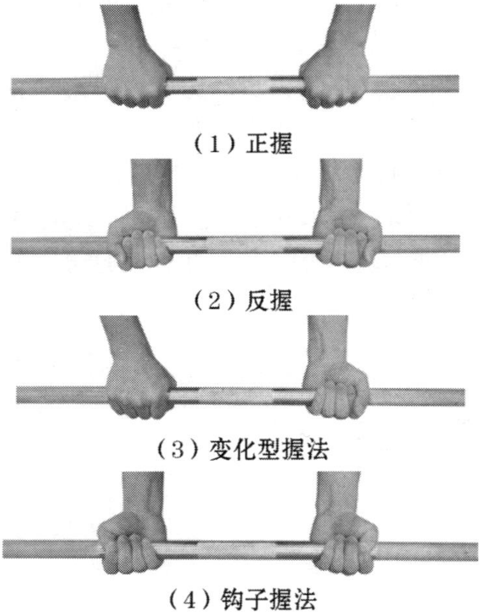

图 2 –3　抓握方式

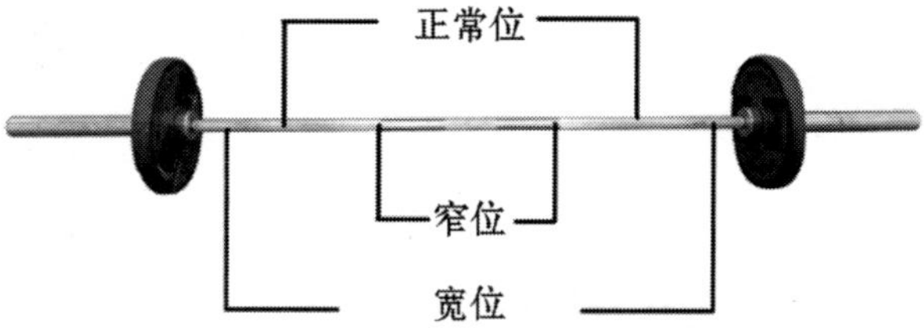

图 2 –4　杠铃的不同握距

（二）　稳定的身体和肢体姿势

抗阻力量练习必须重视身体姿势。稳定的身体姿势有助于运动员在练习过程中保持良好的动作姿态，使肌肉和关节得到正确的刺激和锻炼。

练习凳上坐着或仰卧进行的练习，运动员的身体姿势要有五点与练习凳及地面接触，以保证最大稳定性和脊柱支撑。五点接触分别是：后脑、肩背、腰臀、右脚和左脚。

站立体位时，两脚分开，略宽于髋，全脚掌着地。

在力量练习器上练习前，调整座位和垫子等，使身体运动的轴与机器的转轴同心。

（三）　运动的范围和速度

练习时，运动的范围覆盖了整个关节的活动范围，练习的价值就高，同时关节的柔韧性可以保持和提高。最理想的练习方法应包含了所有运动所涉及的关节的最大活动范围，但有的练习是不可能的，有时是不允许的（如在深蹲时弯腰等）。

慢速、有控制地重复练习，有助于增加运动的范围，使之达到关节的活动范围。但当练习爆发力和进行快速力量练习时，强调的是在保持控制的条件下尽量加速，使杠铃的移动达到最大速度。

（四）　练习中的呼吸技巧

一个重复练习中最艰难的部分通常发生在离心收缩向向心收缩转换后的一段时间，这个时段被称为粘点。大部分抗阻的呼吸技巧是在整个粘点过程中呼气，在相对较轻松的时段吸气。例如，在利用杠铃向心屈肘的重复练习中，粘点发生在屈肘的中途时段，运动员应呼气；在将杠铃放下至起始位置时运动员应吸气。

在有些情况下，运动员要憋气。运动员在进行负重结构练习时（指下蹲、蹬腿、推肩、高翻等脊柱负重的练习）常常采用憋气。憋气是呼气时关闭声门，同时腹肌和肋间肌收缩，形成一个“上气、下水”的刚性躯干。

憋气的优点是增加了整个躯干的刚性来支撑脊柱，减小上举时对椎间盘的挤压力，同时有助于达到许多练习中要求的“平背”以及对躯干上部的技术要求，以防躯干的坍塌。

憋气的副作用是腹内压的上升有可能引起眩晕、高血压以及眼前发黑等，因而憋气时间不宜过长，最多1秒。即使是训练良好的运动员，也不能强行憋气太长时间，憋气时血压可很快达到安静时的3倍。

（五） 举重带的使用

使用举重带有助于防止损伤。举重带的使用因运动员的类型和负荷大小而变。当练习负荷施加在腰部时，而且负荷接近最大力量时，要佩戴举重带。合理的技术、有效的监护，再加上正确使用举重带，有助于减少运动损伤的发生。但过分频繁地使用举重带会降低对腰腹肌的锻炼，因而在没有腰部负荷的练习中（如屈肘练习，坐位下拉练习）或腰部负荷不大的练习中（如背蹲，提铃练习）不要使用举重带。

（六） 监护自由重量训练

监护者的主要职责是保护运动员的安全，监护者必须意识到，监护工作实施不力有可能造成运动员的严重损伤，甚至造成监护者本人的严重损伤。监护者还可以激发运动员的训练热情，帮助其完成强制性重复练习（也称同伴帮助下的练习）。强制性重复练习有助于运动员提高能力，但安全保护绝不可忽视。

1. 练习的类型和所需的设备

杠铃在头顶上方（如站立上举）、杠铃在背上（如背蹲）、杠铃架在肩前或锁骨上（如前蹲）、杠铃在脸上方（如卧推、仰卧伸肘练习）等部位进行的自由重量练习相比杠铃或哑铃在体侧、体前（如肩侧平举、站立屈臂等）等部位进行的自由重量练习，有更大的难度和危险性，因而一定要有至少一名监护者在场。

哑铃练习的监护难度大于杠铃练习的监护难度，因为所用器械的数量多了一件。

在爆发力练习中，不需要监护者。

2. 监护者的数量

所需监护者的数量是根据运动员试举的重量、运动员和监护者的经验和能力、以及监护者的力量来确定的。试举的重量越大，受伤的危险性越大，受伤的严重程度也越高。如果试举的负荷超过了监护者所能监护的能力，一定要增加监护者的人数；另外，既需要监护者之间的协调，也需要监护者与运动员的协调。如果一名监护者的能力足以保护运动员，就不需要使用更多的监护者，监护者的数量越多，在实施监护时出错的概率也增大。

3. 运动员和监护者之间的沟通

运动员和监护者的有效沟通是必须的。监护者必须主动弄清如何抓握杠铃、如何实施保护、运动员将进行多少次练习、何时将杠铃复位等信息，否则监护者就不能实施及时有效的保护，可能出现动作过早、过迟、打乱运动员的练习节奏，甚至使运动员受伤。

二、抗阻力量训练设计

（一） 抗阻力量训练目标的建立

力量训练目标建立的依据是运动项目的评价和运动员的评价。

1. 运动项目评价

运动项目的评价就是确定项目的独特性，一般要考虑三个方面的分析。第一，运动分析，通过分析了解身体和肢体的运动模式以及参与的肌肉群；第二，生理学分析，通过分析认清该项目中力量、爆发力、肌肉体积以及肌肉耐力的重要程度；第三，运动损伤分析，通过分析理解该项目常见的肌肉、关节损伤部位以及形成因素。

2. 运动员评估

对运动员的评价是一个相对复杂的工作，包括运动员的评价训练状态以及损伤情况、进行一系列力量测试、评价测试结果、确定基本训练目标等环节。训练状态是运动员当前的状况。训练状态评价包括对运动员的训练背景评估及运动医学专家对运动员新伤或老伤是否会影响到训练所做的评估。训练背景评价应包含当前训练的类型，从事系统训练的年限，先前训练的强度水平及力量训练技术的掌握情况。体能测量与评价参见相关部分。

3. 抗阻训练目标的确定

抗阻训练的目标最终在对运动项目的动力学和生理学分析结果，运动员的训练状态、运动员的测试结果，以及运动员在赛季中的训练侧重点等因素的掌握的基础上得到确定。一般来说，抗阻训练的目的是增加最大力量、爆发力、促进肌肉肥大和肌肉耐力。尽管有时需要在两个方面都得到加强（如力量和肌肉耐力），但赛季中的每一个时期应努力使训练目的集中在一个方面。

（二） 选择抗阻力量练习

选择抗阻训练的练习，即确定练习内容。体能教练必须了解各种抗阻训练的练习方法，了解专项运动的运动分析结果，了解运动员的练习技巧、熟练程度和练习经验，并熟悉现有抗阻训练设备和训练时间，才能有效地做出明智可行的选择。

1. 具体抗阻练习

抗阻力量训练的练习非常多，具体练习，如表 2 – 3 所示。

表2－3　抗阻练习分类表

身体部位	具体练习				
腹部	屈、直膝仰卧起坐	脚高位仰卧起坐	两头起		
背部	俯身提拉 g、y	提铃上拉 g、y	坐姿下拉 q	坐姿后拉 q	
手臂屈	屈肘 g、y	旋转屈肘 y	屈腕 g、y		
手臂伸	仰卧伸肘 g、y	肱三头肌下压 q	伸腕 g、y		
肩部	肩上推举 g、y、q	直臂屈伸 y	屈肘上提 g、y		
胸部	卧推 g、y（平、斜凳）	侧举 y（平、斜凳）	推胸 q		
大腿	背蹲 g	前蹲 g	坐姿蹬腿 q	弓箭步 g	蹬台阶 g
	罗马尼亚硬拉 g、q	硬拉 g、q	伸膝 q	屈膝 q	
小腿	负重提踵 g、q	坐位提踵 q			
爆发力	高翻 g、y	提铃高翻 g、y	挺举 g、y	抓举 g、y	

（注：g 代表杠铃；y 代表哑铃；q 代表组合器械）

2. 抗阻练习和运动方式的关联

抗阻训练内容的运动形式与实际的专项活动越相似，训练效应就越容易向运动专项发生正性迁移。体能教练对抗阻练习与专项运动方式的关联性的认知，有助于选择合理的抗阻练习。（表2－4）

表2－4　抗阻练习与专项运动方式的关联

运动方式	相关联的抗阻练习
运球和传球	肱三头肌下压，正握屈肘，窄握距卧推
踢球	单侧臀内收、外展，伸膝，举腿
自由泳	坐姿下拉，侧平举，负重弓箭步走
跳跃	高翻、上举、背蹲
挥拍	哑铃飞鸟，俯身侧平举，腕屈伸
划船	俯身提铃，坐姿后拉，坐姿蹬腿
冲刺跑	负重弓箭步走，负重蹬台阶，负重提踵
投掷	仰卧直臂屈伸，仰卧头上伸肘，肩旋内、旋外

（引自《体能训练指导》，备战 2008 奥运会科技专家组编印）

3. 肌肉的平衡

选择的练习内容也要考虑胯关节的肌肉力量平衡和拮抗肌（如肱二头肌和肱三头肌互为拮抗肌）之间的平衡，避免因抗阻训练而引起主动肌和拮抗肌间的不平衡所造成的损伤。

例如，通过等动测力发现大腿后群肌明显不如股四头肌强壮，要增加大腿后群肌的训练，以纠正这种失衡。注意：肌肉力量的平衡不是指肌肉力量的相等，而是要有适当的比例。无论是最大力量、力量耐力及快速力量，都要在相互拮抗的肌肉之间保持适当的比例。

（1）上下平衡

坐姿腿举/体重：2.5:1

背蹲/体重：男子2:1；女子1.5:1

卧推/体重：男子1.25:1；女子0.8:1

（2）前后平衡

通过等速力量测试，关节前后肌肉力量的平衡比例，如表2－5所示。

表2－5　关节前后肌肉的平衡比例

关节	运动	比率
踝关节	伸/屈	3:1
踝关节	内翻/外翻	1:1
膝关节	伸/屈	3:2
髋关节	伸/屈	1:1
肩关节	屈/伸	2:3

（3）左右平衡

人体肌肉的左右平衡应关注股后肌群、股四头肌、肱二头肌、肱三头肌以及单腿蹬伸及跳跃等多关节运动的左右侧肌群。一般左右肢体力量差异不超过10%，如超过这个数值，应进行力量平衡训练。

4. 负荷强度的确定

负荷强度指一组练习使用的重量，是抗阻训练中最重要的参数。训练强度的变化对机体刺激的效果也将随之变化，因此，必须慎重对待。

（1）负荷强度和重复次数之间的关系

负荷强度与重复次数成负相关，负荷强度越大，重复次数越少。当训练目标确立后，负荷强度和重复次数也就基本确定了。例如，当训练目标是增加肌肉最大力量时，就要选择大负荷、低重复的安排。

负荷强度的表达方式通常是一次重复的最大力量的百分比，或者是能重复指定次数的最大重量（nRM）。RM（Repetition Maximum）的含义是最大重复次数，是指在某一重量下，尽全力达到的最大重复次数（表2－6）。例如，一名运动员能以60 kg的负荷强度背蹲10次，那么他的最大重复次数就是10RM。

表2－6　负荷强度与最大重复次数的对应关系

最大力量/%	最大重复次数
100	1
95	2
93	3
90	4
87	5
85	6
83	7
80	8
77	9
75	10
70	11
67	12
65	15

（引自《体能训练指导》，备战2008奥运会科技专家组编印）

（2）根据训练目标安排练习的负荷和重复次数

负荷强度高能够有效地提高力量和爆发力，中等负荷强度有助于肌肉体积的增大，小负荷强度有利于肌肉耐力的提高。换句话说，重复次数少的nRM能有效提高力量和爆发力，而重复次数多的nRM可较好地提高耐力（表2－7）。例如，一名运动员的训练目标是提高肌肉最大力量，卧推测试得到的最大力量是100 kg。要提高最大力量，运动员抗阻练习的负荷强度至少要达到85%的最大力量。重复次数要在6次/组以内。如果体能教练布置的训练重复次数为4次/组，那么相应的负荷强度就应为90%最大力量（90 kg）。

注意，体能教练可以通过观察运动员完成指定负荷和重复次数的难易情况来调整负荷。

表2－7　不同训练目标对负荷强度和重复次数的要求

训练目标	负荷强度 /%1RM	目标重复次数
最大力量	≥85	≤6
爆发力		
一次用力的项目	80～90	1～2
多次用力的项目	75～85	3～5
肌肉体积	67～85	6～12
肌肉耐力增大	≤67	≥12

（引自《体能训练指导》，备战2008奥运会科技专家组编印）

（3）训练负荷强度的渐进

随着运动员对训练刺激的适应，训练计划应调整负荷强度，以便使训练不断地提高。监控运动员的训练、记录运动员对训练的反应，有助于体能教练掌握负荷增加的时机和幅度。

“2－2原则”是增加负荷的一种保守方法。运动员在某一种练习强度下，连续两次训练课的最后一组，能够比目标重复次数多做2次，负荷强度应增加。例如，体能教练安排运动员做卧推练习，强度是10RM，共做三组。几次训练课后，运动员能够在连续两次训练课的第三组卧推练习中推起12次，运动员的卧推负荷强度在下一次训练课时增加。注意：在负荷强度增加后，重复次数不变。

此外，还有一种增加强度的方法是“负荷到8，训练到12”。开始练习的强度为8RM，随着力量增加到运动员在该强度下重复12次时，增加训练强度，使新增加的负荷强度又成为8RM。

5. 负荷量

负荷量是指一次训练课举起的总负荷；组是指在运动员间歇之前所进行的一组连续重复动作。计算训练量的方法是将组数乘以重复次数再乘以每次重复练习的负荷。例如，2组10次重复、负荷强度为50千克的训练量为2组×10次重复×50千克＝1000千克。如果各组练习的负荷不一样，那么先计算每组的训练量，再将各组训练量相加就得总训练量。

负荷量的安排应根据运动员的训练状态及抗阻训练的基本目标而确定。运动员的训练状态直接影响所能够承担的负荷量。对于刚开始训练的运动员来说，可以安排1～2组，随着训练水平的提高，组数可以再增加。在运动员对现行计划已经适应后，可以逐步增加组数，直至达到训练目标要求的组数为止。另外，抗阻训练的基本目标不同负荷量也存在着差异。针对大肌肉群练习而言，最佳重复次数应该是6次或6次以下，研究认为2～5组或3～6组的练习能够最大限度地增加最大力量。而对于单关节小肌肉练习的研究认为，1～3组的练习是适宜的。（表2－8）

表2－8　不同训练目标对应的负荷量表

训练目标	目标重复次数	组数
力量	≤6	2～6
爆发力		
一次用力项目	1～2	3～5
多次用力项目	3～5	3～5
肌肉体积增大	6～12	3～6
肌肉耐力	≥12	2～3

（引自《体能训练指导》，备战2008奥运会科技专家组编印）

6. 间歇时间

间歇时间是指组间练习与练习之间的间歇时间。间歇时间与训练目标高度相关，与训练的练习负荷强度、运动员的训练状态相关。负荷强度越大，间歇时间就越长。如果运动员的状态不佳，间歇时间比规定的要长一些。

虽然训练目标与间歇时间存在着密切关系（如肌肉最大力量的训练需要较长的间歇时间），但并不是每一种练习的间歇时间都一样。教练员一定要根据练习的负荷强度以及动用的肌肉来安排间歇时间。例如，以提高最大力量为目的单关节练习，需要的负荷可能是12RM（如肩侧举练习），间歇时间可以安排1min；而以提高最大力量为目的多关节大肌肉群练习，需要的负荷是4RM（卧推），间歇时间可以安排4min。注意：教练员应根据实际练习的负荷强度来确定间歇时间，不是简单套用该表的数字。

表2－9　根据训练目标确定间歇时间

训练目标	间歇时间
力量	2～5min
爆发力	
一次用力项目	2～5min
多次用力项目	2～5min
肌肉体积增大	30 s～1.5min
肌肉耐力	≤30 s

（引自《体能训练指导》，备战2008奥运会科技专家组编印）

制定一个合理有效的抗阻训练计划，必须要进行以上5个要素的分析，否则抗阻训练计划的有效性就会降低，甚至导致抗阻力量训练的失败。

三、抗阻力量基本练习【自学内容】

（一）腹　部

1. 卷腹（图2－5）

（1）起始姿势：仰卧在垫上，屈膝，脚后跟靠近臀部，双臂相叠于胸前。

（2）向上运动时相：屈颈、下巴靠近胸部，保持双脚、臀部及腰部平稳地贴在地板上，向大腿方向弯曲躯干直到上背离开垫子。

（3）向下运动时相：打开弯曲的躯干，然后颈部伸展，回到起始姿势，保持脚、臀、臂姿势不变。

（4）锻炼的肌肉：腹直肌。

图2-5　卷腹

2. 高脚卷腹（图2-6）

（1）起始姿势：仰卧在垫上，双脚放在凳子上，使髋、膝屈90°，双臂相叠于胸前。

（2）向上运动时相：屈颈、下巴靠近胸部，保持双脚、臀部及腰部平稳地贴在地板上，向大腿方向弯曲躯干直到上背离开垫子。

（3）向下运动时相：打开弯曲的躯干，然后颈部伸展，回到起始姿势，保持脚、臀、臂姿势不变。

（4）锻炼的肌肉：腹直肌。

图2-6　高脚卷腹

3. 俄罗斯转体（图2-7）

（1）起始姿势：坐在垫上，上体保持直立状态，腹部收紧，双腿抬起，屈膝、屈髋，双手持实心球放于腹部。

（2）动作步骤：上体保持直立状态，双手持实心球向身体一侧转动，同样保持腹部收紧，在完成一侧动作后，立即向身体另一侧转动，在完成一组练习后，休息。

（3）锻炼的肌肉：腹直肌。

图2-7　俄罗斯转体

4. 仰卧举腿（图2－8）

（1）起始姿势：仰卧在垫子上，双手抓住同伴的脚踝，双腿并拢，同伴身体保持直立。

（2）向上运动时相：积极主动地屈髋向上举腿，当腿上举到一定程度，和上身成90°夹角时，同伴将腿向一侧推出去

（3）向下运动时相：双腿并拢向下，保持后背紧贴在垫子上，腰部不要向上隆起，回到起始姿势，紧接着完成另一侧。

（4）锻炼的肌肉：腹直肌。

图2－8　仰卧举腿

5. 仰卧起坐触手（图2－9）

（1）起始姿势：仰卧在垫上，屈膝，双手持实心球放于腹部。

（2）向上运动时相：保持双脚、臀部及腰部平稳地贴在地板上，向大腿方向弯曲躯干手臂伸直直到触碰到同伴的手。

（3）向下运动时相：打开弯曲的躯干，然后收双臂并将实心球放于腹部，回到起始姿势，保持脚、臀、臂姿势不变。

（4）锻炼的肌肉：腹直肌。

图2－9　仰卧起坐触手

6. 两头起（图2－10）

（1）起始姿势：仰卧在垫上，手臂向后伸展。

（2）向上运动时相：屈髋收腹，手臂和腿部同时向上收，手臂触碰脚尖。

（3）向下运动时相：打开弯曲的躯干，然后双臂和双腿分离，腹部收紧，回到起始姿势。

（4）锻炼的肌肉：腹直肌。

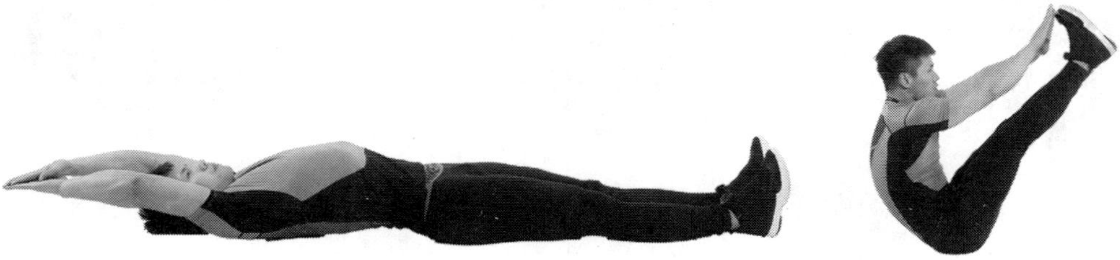

图2－10　两头起

（二）背　部

1. 俯身提拉（图2－11）

（1）起始姿势：运动员双脚开立与肩同宽或略比肩宽，屈髋，屈膝，上身前屈略高于地面平行，背部挺直，双眼目视前下方，双手正握杠铃，握距略比肩宽，手臂伸展悬吊杠铃于小腿前面位置。

（2）向上运动时相：运动员将杠铃向躯干方向上提，保持躯干刚性，后背挺直，膝关节微屈，躯干保持不动，上提至上腹部，肩胛骨夹紧，上提过程中手臂靠近身体。

（3）向下运动时相：运动员慢慢伸展肘关节，降低杠铃回到起始姿势，保持躯干刚性，膝关节微屈。重复练习，结束后屈膝、屈髋将杠铃放至地面。

（4）锻炼的肌肉：背阔肌、大圆肌、斜方肌中部、菱形肌、三角肌后部。

图2－11 俯身提拉

2. 坐位下拉（图2－12）

（1）起始姿势：双手正握力量练习器手柄，握距较肩略宽，面对器械坐下，两脚平放于地板上，两大腿放在垫子下，躯干微后仰，肘关节充分伸展，每次下拉的开始姿势都是如此。

（2）向下运动时相：朝着胸部上方，向下拉动手柄，不得利用身体来增加拉力，手柄要触到胸部。

（3）向上运动的时相：肘关节缓慢伸直，回到起始姿势，躯干姿势保持不变，完成一组练习后站起来，将手柄放回原来的位置。

（4）锻炼的肌肉：弯曲背阔肌、大圆肌、斜方肌、菱形肌。

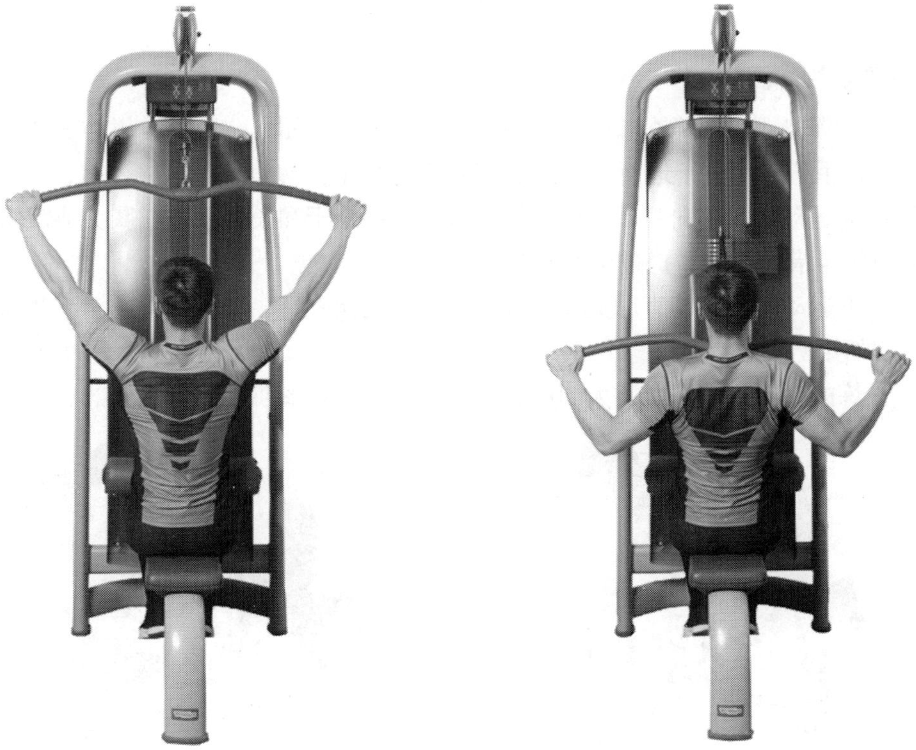

图2－12 坐位下拉

3. 坐位划船（图2－13）

（1）起始姿势：坐在长凳上，将双脚放置在器械支架或脚踏上，双手正握住手柄，保持躯干直立，膝关节微屈，双脚双腿相互平行，肘关节充分伸直，手臂平行于地面。

（2）向上运动时相：朝腹部拉动手柄，保持躯干的垂直，膝关节微屈，不要利用躯干后倾借力，继续后拉直至手柄触及腹部。

（3）向下运动时相：缓慢伸直肘关节，回到起始姿势，保持躯干直立姿势，膝关节微屈，完成一组练习后，屈膝、屈髋，负重片返回静止位置。

（4）锻炼的肌肉：背阔肌、大圆肌、斜方肌中部、菱形肌、三角肌后部。

图2－13　坐位划船

4. 单臂划船（图2－14）

（1）起始姿势：单腿跪在长凳上，另一条腿膝关节微屈，一只手支撑在长凳上，另一只手握住哑铃手柄，垂直于地面，保持躯干和长凳平行。

（2）向上运动时相：向身体一侧提拉哑铃，保持躯干和长凳平行，膝关节微屈，不要利用上体或躯干借力，向后提拉至肘关节90°。

（3）向下运动时相：伸直肘关节，保持躯干和长凳平行，膝关节微屈，手臂和地面垂直，回到起始姿势。

（4）锻炼的肌肉：背阔肌、大圆肌、斜方肌中部、菱形肌、三角肌后部。

图2－14　单臂划船

（三）小　腿

杠铃提踵（图2－15）

（1）起始姿势：双脚开立与肩同宽或略比肩宽，站在台阶边缘，前脚掌着地，将杠铃放至斜方肌与三角肌后束，挺胸抬头，双手正握杠铃，略比肩宽，肩胛骨夹紧。

（2）向上运动时相：保持躯干直立，两腿平行分开，前脚掌用力点地，尽可能向上抬高身体，保持膝关节的伸展，但不要锁住。

（3）向下运动时相：缓慢回到起始姿势，身体姿势保持不变。

（4）锻炼的肌肉：比目鱼肌、腓肠肌。

图2－15　杠铃提踵

（四）胸　部

1. 卧推（图2－16）

（1）起始姿势：仰卧在卧推凳上，身体与板凳及地面“五点”接触，眼睛正好在支架的下方，双手正握抓住杠铃，握距略宽于肩，运动员将杠铃由架上取下时，向监护者发出信号，肘关节伸直，保持杠铃位于胸部上方，每次重复都由此位置开始。

（2）向下运动时相：向下移动杠铃，触到胸部为止，手腕要紧张，稳定，正对着肘关节，保持身体与器械和地面的“五点”接触。

（3）向上运动时相：向上推杠，直至肘关节完全伸直，手腕紧张，稳定，正对着肘关节，保持“五点”接触，不要拱腰或挺胸迎杠，一组练习完成后，示意监护者帮助其将杠铃放回架上，直到杠铃放稳才能松手。

（4）锻炼的肌肉：胸大肌。

图2－16　卧　推

2. 上斜杠铃卧推（图2－17）

（1）起始姿势：仰卧在上斜卧推凳上，身体与板凳及地面“五点”接触，眼睛正好在支架的下方，双手正握抓住杠铃，握距略宽干肩，运动员将杠铃由架上取下时，向监护者发出信号，肘关节伸直，保持杠铃位于胸部上方，每次重复都由此位置开始。

（2）向下运动时相：向下移动杠铃，触到胸部为止，手腕要紧张，稳定，正对着肘关节，保持身体与器械和地面的“五点”接触。

（3）向上运动时相：向上推杠，直至肘关节完全伸直，手腕紧张，稳定，正对着肘关节，保持“五点”接触，不要拱腰或挺胸迎杠，一组练习完成后，示意监护者帮助其将杠铃放回架上，直到杠铃放稳才能松手。

（4）锻炼的肌肉：胸大肌。

图2－17　上斜杠铃卧推

3. 哑铃飞鸟（图2－18）

（1）起始姿势：闭锁式抓握哑铃，仰卧，身体“五点”接触，示意监护者帮助其将哑铃移至起始位，两手同时向上推，肘关节伸直，哑铃位于胸部上方，转动哑铃成中间型抓握法，微微屈肘，肘关节指向外侧，每次重复练习都由此开始。

（2）向下运动时相：哑铃沿大弧形向下运动，直到肩或胸的水平高度，在肘关节向下运动时，两只哑铃柄要相互平行，手腕保持紧张，肘关节略屈，保持哑铃与肘、肩在一条直线上（俯视），保持身体的“五点”接触。

（3）向上运动时相：沿弧线向上拉哑铃至起始姿势，保持手腕紧张，肘关节微屈，保持哑铃与肘、肩在一条直线上（俯视），保持身体的“五点”接触。

（4）锻炼的肌肉：胸大肌。

图2－18 哑铃飞鸟

4. 上斜哑铃飞鸟（图2－19）

（1）起始姿势：闭锁式抓握哑铃，仰卧在上斜长凳上，身体“五点”接触，示意监护者帮助其将哑铃移至起始位，两手同时向上推，肘关节伸直，哑铃位于胸部上方，转动哑铃成中间型抓握法，微微屈肘，肘关节指向外侧，每次重复练习都由此开始。

（2）向下运动时相：哑铃沿大弧形向下运动，直到肩或胸的水平高度，在肘关节向下运动时，两只哑铃柄要相互平行，手腕保持紧张，肘关节略屈，保持哑铃与肘、肩在一条直线上（俯视），保持身体的“五点”接触。

（3）向上运动时相：沿弧线向上拉哑铃至起始姿势，保持手腕紧张，肘关节微屈，保持哑铃与肘、肩在一条直线上（俯视），保持身体的“五点”接触。

（4）锻炼的肌肉：胸大肌。

图 2－19　上斜哑铃飞鸟

5. 哑铃卧推（图 2－20）

（1）起始姿势：运动员仰卧在卧推架上，注意五点接触，双手各拿一个哑铃，握距与肩同宽。

（2）向下运动时相：置于略高于腋下高度，手腕保持紧张，肘关节略屈，保持身体的“五点”接触。

（3）向上运动时相：有控制地将哑铃向上推起直到手臂完全伸展，手腕保持紧张，直至起始位置。在哑铃向上运动的过程中，监护者双手保持与运动员的前臂接近，但不接触；在跟随哑铃向上运动的过程中，轻轻地伸膝、髋和躯干，保持腰的平直。

（4）锻炼的肌肉：胸大肌。

图 2－20　哑铃卧推

6. 上斜哑铃卧推（图 2－21）

（1）起始姿势：仰卧在上斜板卧推架上，注意五点接触；双手各拿哑铃，肘关节屈曲，握距与肩同宽。

（2）向上运动时相：有控制地将哑铃向上推起直到手臂完全伸展，手腕保持紧张，直至起始位置。在哑铃向上运动的过程中，监护者双手保持与运动员的前臂接近，但不接触；在跟随哑铃向上运动的过程中，轻轻地伸膝、髋和躯干，保持腰的平直。

（3）向下运动时相：有控制地屈曲双肘，缓慢回到起始姿势。

（4）锻炼的肌肉：胸大肌。

图 2－21　上斜哑铃卧推

（五）前　臂

1. 屈腕（图 2－22）

（1）起始姿势：坐在练习凳一端，双脚着地，躯干前倾，肘和前臂放在大腿上，手腕略超过膝关节，双手手腕伸，相距 20 ~ 30 cm，手指反握住杠铃。

（2）向上运动时相：手指、手腕用力，将杠铃向上牵拉，保持肘和前臂不动，手腕尽量屈。手指、手腕缓慢伸开，回到起始姿势，躯干、两臂保持原位不动，不要通过杠铃的摆动来辅助用力，也不要利用身体其他部位用力。

（3）向下运动时相：手腕和手指缓慢地延伸到起始姿势，保持躯干与手臂位置固定。

（4）锻炼的肌肉：桡侧腕屈肌、尺侧腕屈肌。

图2-22 屈 腕

2. 伸腕（图2-23）

（1）起始姿势：坐在练习凳一端，双脚着地，躯干前倾，肘和前臂放在大腿上，手腕略超过膝关节，双手手腕伸，相距20～30 cm，手指正握住杠铃，手腕朝地面弯曲。

（2）向上运动时相：手指、手腕伸展，将杠铃向上提，保持肘和前臂不动，手腕尽量伸。不能借助身体用力或摆动杠铃上提。

（3）向下运动时相：手腕和手指缓慢屈曲回到起始姿势，保持躯干和手臂位置的固定。

（4）锻炼的肌肉：桡侧伸腕肌、尺侧伸腕肌。

图2-23 伸 腕

（六）髋和大腿

1. 前蹲杠铃（图2-24）

（1）起始姿势（运动员）：身体移至杠铃杆下方，两脚平行站立，握距较肩略宽，人体上移，将杠铃杆置于三角肌和锁骨上面，充分屈肘，使上臂与地面平行。

起始姿势（两名监护者）：两脚开立与肩同宽，膝微屈，在杠铃端站好，两手掌心向上，重叠，形成杯状，抓住杠端，收到运动员示意后，协助运动员平衡杠铃并将杠铃由架上取下，平稳地松开杠铃，将手置于杠铃杆端下方 5 ~ 8 cm 处，运动员后退时，侧移并跟随，运动员就位后，两脚开立与肩同宽，膝微屈站好，躯干直立。

（2）向下运动时相（运动员）：保持躯干与地面角度的相对固定，缓慢屈髋、屈膝，背要挺直，肘要高，挺胸，保持脚跟着地，膝关节在脚的正上方，不要前屈躯干或驼背，继续屈髋，屈膝，直到大腿与地面平行，在下降过程的最后阶段不要加速，也不要放松躯干。

向下运动时相（两名监护者）：在下降过程中手成杯状保持与杠铃杆的接近，但不触及杠铃杆，在跟随杠铃杆下降的过程中，缓慢屈膝、屈髋，保持背的挺直。

（3）向上运动时相（运动员）：同步伸髋、伸膝，保持躯干与地面角度的相对固定，保持高肘、平背、挺胸的姿势，保持脚跟着地，膝关节在脚的正上方，不要前屈躯干或驼背，继续伸髋、伸膝，直到起始姿势，一组练习完成后，向前移动到达支架，将杠铃在架上放好后下蹲退出。

向上运动时相（两名监护者）：在杠铃上升的过程中，保持两手成杯状，接近杠铃杆，但不触及杠铃杆，在跟随杠铃向上移动的过程中，缓慢伸膝、伸髋，保持背部挺直，一组练习完成后，两名监护者同步侧移，跟随运动员走向支架，两人同时抓握杠铃杆，辅助运动员保持杠铃平衡，并将杠铃放回支架，平稳地松手。

（4）锻炼的肌肉：臀大肌、半膜肌、半腱肌、股二头肌、股外侧肌、股内侧肌、股中肌、股直肌。

图 2 – 24　前蹲杠铃

2. 两人前蹲（图2－25）

（1）起始姿势：两人面对面站立，其中一人抱住同伴，抱法如图，将同伴放于腹部前。

（2）向下运动时相：保持躯干与地面角度的相对固定，缓慢屈髋，屈膝，背要挺直，挺胸，保持脚跟着地，膝关节在脚的正上方，不要前屈躯干或驼背，继续屈髋、屈膝，直到大腿与地面平行，在下降过程的最后阶段不要加速，也不要放松躯干。

（3）向上运动时相：同步伸髋、伸膝，保持躯干与地面角度的相对固定，保持平背、挺胸的姿势，保持脚跟着地，膝关节在脚的正上方，不要前屈躯干或驼背，继续伸髋、伸膝，直到起始姿势。

（4）锻炼的肌肉：臀大肌、半膜肌、半腱肌、股二头肌、股外侧肌、股内侧肌、股中肌、股直肌。

图2－25　两人前蹲

3. 背蹲杠铃（图2－26）

（1）起始姿势：运动员将杠铃放至斜方肌和三角肌后束承担杠铃重量，双脚开立与肩同宽或略比肩宽，双手闭锁式握住杠铃，握距稍宽于肩。

（2）向下运动时相：保持背挺直，肘关节要抬高，挺胸并充分打开，保持躯干与地面角度的相对固定，缓慢屈髋、屈膝，保持脚跟着地，膝关节在脚的正上方，不要超过膝关节，不要前屈躯干或驼背，继续屈髋、屈膝，直到大腿与地面平行，在下降过程的最后阶段不要加速，也不要放松躯干。

图 2－26　背蹲杠铃

（3）向上运动时相：保持背部挺直，同步伸髋、伸膝，保持躯干与地面角度的相对固定，保持高肘、挺胸的姿势，保持脚跟着地，膝关节在脚的正上方，不要前屈躯干或驼背，继续伸髋、伸膝，直到起始姿势，一组练习完成后，向前移动到达支架，将杠铃在架上放好后下蹲退出。

（4）锻炼的肌肉：臀大肌、半膜肌、半腱肌、股二头肌、股外侧肌、股内侧肌、股中肌、股直肌。

4. 两人背蹲（图 2－27）

（1）起始姿势：两人面对面站立，其中一人抱住同伴，将同伴扛在肩上。

（2）向下运动时相：保持躯干与地面角度的相对固定，缓慢屈髋、屈膝，背要挺直，挺胸，保持脚跟着地，膝关节在脚的正上方，不要前屈躯干或驼背，继续屈髋、屈膝，直到大腿与地面平行，在下降过程的最后阶段不要加速，也不要放松躯干。

（3）向上运动时相：同步伸髋、伸膝，保持躯干与地面角度的相对固定，保持平背、挺胸的姿势，保持脚跟着地，膝关节在脚的正上方，不要前屈躯干或驼背，继续伸髋、伸膝，直到起始姿势。

（4）锻炼的肌肉：臀大肌、半膜肌、半腱肌、股二头肌、股外侧肌、股内侧肌、股中肌、股直肌。

图2－27　两人背蹲

5. 哈克深蹲杠铃（图2－28）

（1）起始姿势：两脚开立，宽度介于肩宽与髋宽之间，脚尖朝前，略微外八字，下蹲，两手抓住杠铃，杠铃离跟腱 3 cm 左右，肘伸直，背部挺直或略呈弧形，挺胸，头与躯干成一条直线或微后伸，目光盯着前方或前上方。

（2）向上运动时相：靠伸膝、伸髋将杠铃提起，保持躯干和地面固定的角度，保持背平直，尽可能靠近小腿后侧拉起杠铃，当膝关节和髋关节完全伸展后，形成一个垂直的站立姿势。

（3）向下运动时相：让膝关节和髋关节缓慢屈曲，将杠铃放于地面上，保持背部平直，躯干不能前屈。

（4）锻炼的肌肉：臀大肌、半膜肌、半腱肌、股二头肌、股外侧肌、股中肌、股内侧肌、股直肌。

图 2－28　哈克深蹲正面

6. 坐姿蹬腿（图 2－29）

（1）起始姿势：腰、髋、臀紧贴靠垫坐在练习器座位上，两脚开立与髋同宽置于上蹬平台上，略微外八字，两腿相互平行，手抓把手，移动髋、膝位置，使之尽量靠紧靠垫，用手移去支撑装置并再次抓紧把手，每一次重复动作都由这个姿势开始。

（2）向下运动时相：髋、膝缓慢地屈，使脚蹬平台下移，不要让平台下得太快，保持髋、臀在座位上，背挺直地靠在背垫上，不要使髋或臀部离开座位，保持腿的相互平行，下降过程中，手不要松开把手，髋、膝屈，直至大腿与脚蹬平台平行为止。

（3）向上运动时相：伸髋、伸膝用力向上推动平台，上推到充分伸展的位置，但不要锁死膝关节，髋、背位置保持不变，不要抬起臀部，不要内外晃动膝关节，完成一组练习后，放回支撑装置，抬脚离开练习器。

（4）锻炼的肌肉：臀大肌、半膜肌、半腱肌、股二头肌、股外侧肌、股中肌、股内侧肌、股直肌。

（主要强化臀肌和腘绳肌）　　（主要强化股四头肌）

图2－29　坐姿蹬腿

（5）脚位于踏板的不同位置：

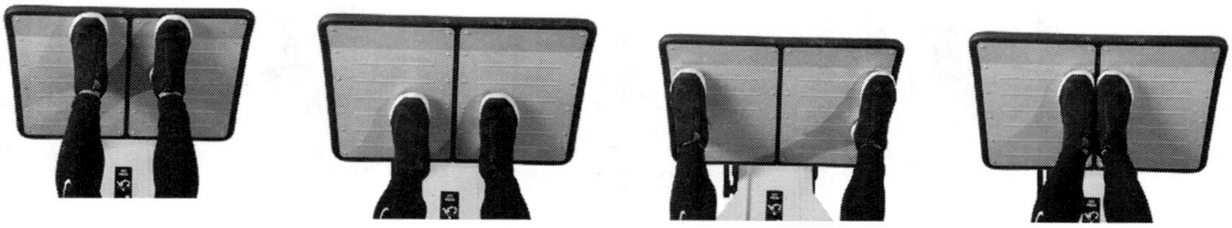

上位　下位　宽位　窄位

（主要强化内收肌）　　（主要强化股四头肌）

7. 杠铃弓箭步（图2－30）

（1）起始姿势（运动员）：运动员站在杠铃下，双脚开立与肩同宽或略比肩宽，将杠铃放至斜方肌与三角肌后束，挺胸抬头，双手正握杠铃，略比肩宽，一旦准备就绪，示意监护者将其杠铃移出支架。

起始姿势（监护者）：垂直站立且非常靠近运动员，两脚分立与肩同宽，微微屈膝，在运动员示意后，协助运动员平衡举起杠铃，离开支架，监护者和运动员应同步，当运动员准备好时，监护者保持站立与髋同宽，膝部微屈，躯干挺直，两手接近运动员臀部，腰部或躯干处。

（2）向下运动时相（运动员）：运动员向前迈出一条腿，迈出的这一步不能太大，保持身体的平衡和稳定。运动员弯曲膝关节和髋关节直到大腿与地面保持平行，当先导脚掌完全踏地，保持躯干挺直，保持固定腿在起始姿势，允许固定腿的膝关节微屈，膝关节与地面距离大约2.5 cm，两腿之间平分重量。

向下运动时相（监护者）：与运动员一样同脚前跨，保持前导膝和脚与运动员前导脚成一条直线，前导脚位于运动员脚后方30 cm～40 cm，随着运动员的前导膝屈曲而屈曲，保持躯干垂直，始终保持站立与髋同宽，膝部微屈，躯干挺直，两手接近运动员臀部，腰部或躯干处。

（3）向上运动时相（运动员）：靠伸展的前导脚的髋关节和膝关节，用力推离地面，继续保持躯干挺直的姿势，不要靠上背的后倾来借力，向后带动前导脚回到固定脚的旁边，不要踩步完后挪，当这一组练习完成后，把杠铃放在支架上。

图2－30　杠铃弓箭步

向上运动时相（监护者）：与运动员同时将前导脚后推，向后带动前导脚回到固定脚的旁边，不要踩步完后挪，保持双手放在接近运动员的髋部、腰部或躯干处，垂直站立成起始姿势，必要时协助运动员保持平衡，当这一组练习完成后，协助把杠铃放在支架上。

（4）锻炼的肌肉：臀大肌、半膜肌、半腱肌、股二头肌、股外侧肌、股中肌、股内侧肌、股直肌。

8. 蹬台阶（图2－31）

（1）起始姿势（运动员）：运动员站在杠铃下双脚开立与肩同宽或略比肩宽，杠铃放于运动员的上背部，正握杠铃，与肩同宽或略比肩宽，腰部挺直，目视前方，一旦准备就绪，示意监护者将其杠铃移出支架，运动员走到箱子前，将前导脚放于箱子上，大腿与地面平行，保持躯干垂直，防止向后倾斜。箱子高度应该为30 cm～46 cm。

起始姿势（监护者）：监护者垂直站立且相当接近运动员，两腿分开，微微屈膝，在运动员示意后，协助其将杠铃移出支架，一同和运动员走到箱子前，将手放于运动员臀部、腰部或者是躯干处，保持躯干垂直。

（2）向上运动时相（运动员）：运动员保持躯干垂直，勿往前倾，保持固定脚在起始姿势，用力伸髋关节和膝关节，移动身体站在箱子上，始终要保持躯干的刚性，腰部挺直，髋关节不能出现屈的现象。

向上运动时相（监护者）：当运动员跨足上阶时，面朝运动员，身体倾斜以手臂接近运动员，尽可能将手放于接近运动员臀部、腰部或者是躯干处，必要时协助运动员保持平衡。

（3）向下运动时相（运动员）：将重量转移到同一前导脚上，用同一固定脚下箱子，保持躯干挺直，当固定脚和地面完全接触后，保持身体直立成起始姿势，一组练习完成后，将杠铃放到支架上。

向下运动时相（监护者）：当运动员下回地面时，以手臂跟随其动作而动，将手放于运动员臀部、腰部或者是躯干处，保持躯干垂直，必要时协助运动员保持平衡，一组练习完成后，协助运动员将杠铃放到支架上。

（4）锻炼的肌肉：臀大肌、半膜肌、半腱肌、股二头肌、股外侧肌、股中肌、股内侧肌、股直肌。

图2－31　蹬台阶

9. 早上好（Good Morning）（图2－32）

（1）起始姿势：运动员站在杠铃下，双脚开立与肩同宽或略比肩宽，将杠铃放至斜方肌与三角肌后束，双手正握杠铃，略比肩宽，抬高肘部来支持杠铃，挺胸，头微微往上倾斜，保持身体直立。

（2）向下运动时相：从缓慢屈髋关节开始，下降过程中臀部水平向后方移动，保持背部平直和抬高肘部，杠铃稍微位于脚尖的后方，脚不能离开地面，继续下降直到躯干几乎和地面平行。

（3）向上运动时相：通过伸展髋关节，抬起杠铃，在上升过程中保持背部平直，继续伸髋慢慢回到起始姿势。

（4）锻炼的肌肉：臀大肌、半膜肌、半腱肌、股二头肌、股外侧肌、股内侧肌、股中肌、股直肌。

图2－32　早上好

10. 硬拉（图2－33）

（1）起始姿势：两脚开立，宽度介于肩宽与髋宽之间，脚尖朝前，略微外八字，下蹲，两手抓住杠铃，以闭锁式正反握法握住杠铃，肘伸直，背部挺直或略呈弧形，斜方肌放松，略微拉长，挺胸，肩胛骨后缩，头与躯干成一条直线或微后伸，目光盯着前方或略上一点。

（2）向上运动时相：伸髋、伸膝，拉起杠铃，保持躯干与地面角度不变，保持背的挺直，尽可能靠近胫骨拉起杠铃，当杠铃刚刚超过膝关节时，髋部往前移动带动大腿向前，膝关节处于杠铃下方，当膝关节和髋关节完全伸展后形成一个垂直的身体站立位。

图2－33　硬　拉

（3）向下运动时相：膝关节和髋关节缓慢屈回，将杠铃放置于地面上，保持背部挺直，躯干不能前屈。

（4）锻炼的肌肉：臀大肌、半膜肌、半腱肌、股二头肌、股侧外肌、股内侧肌、股中肌、股直肌。

11. 罗马尼亚硬拉（图2－34）

（1）起始姿势：两脚开立，宽度介于肩宽与髋宽之间，脚尖朝前，略微外八字，直立，两手抓好杠铃，置于膝外侧，肘伸直，肩部位于杠铃的正上方。

（2）向上运动时相：躯干缓慢向前屈，保持膝关节微屈，背部挺直，不要晃动躯干或屈肘加以辅助，肩部在整个动作过程中处于杠铃的上方或前上方，伸髋、伸膝，拉起杠铃。

（3）向下运动时相：保持躯干挺直，然后躯干在髋部前屈将杠铃朝地轻放，在下降过程中，保持膝关节轻度或中度的弯曲，背部平直，肘关节完全伸直。

（4）锻炼的肌肉：臀大肌、半膜肌、半腱肌、股二头肌。

图2－34　罗马尼亚硬拉（正面）

12. 相扑式硬拉（图2－35）

（1）起始姿势：两脚开立，宽度比肩宽，脚尖朝前，下蹲，采用闭锁式窄握的方式抓住杠铃，肘伸直，背部挺直或略呈弧形，斜方肌放松，略微拉长，挺胸，肩胛骨后缩，头与躯干成一条直线或微后伸，目光盯着前方或略上一点。

（2）向上运动时相：通过伸髋、伸膝，拉起杠铃，保持躯干与地面角度不变，保持背的挺直，始终保持肘关节伸直状态，当膝关节和髋关节完全伸展后形成一个垂直的身体站立位。

（3）向下运动时相：膝关节和髋关节缓慢屈回，下降过程中保持膝关节和脚在一个方向上，且保持背部挺直，肘关节完全伸直，直至杠铃放于地面。

（4）锻炼的肌肉：臀大肌、半膜肌、半腱肌、股二头肌、股侧外肌、股内侧肌、股中肌、股直肌。

图2－35　相扑杠铃硬拉（正面）

13. 单腿罗马尼亚硬拉（图2－36）

（1）起始姿势：两脚开立，宽度介于肩宽与髋宽之间，脚尖朝前，略微外八字，直立，一只手抓住壶铃，置于身体外侧，肘伸直。

（2）向下运动时相：保持单腿站立，躯干挺直，然后躯干在髋部前屈将壶铃朝地轻放，其中一腿随着躯干的下降向后伸展，在下降过程中，保持膝关节轻度或中度的弯曲，背部平直，肘关节完全伸直。

（3）向上运动时相：躯干缓慢向前屈，保持膝关节微屈，背部挺直，不要晃动躯干或屈肘加以辅助，肩部在整个动作过程中处于杠铃的上方或前上方，伸髋、伸膝，拉起杠铃。

（4）锻炼的肌肉：臀大肌、半膜肌、半腱肌、股二头肌。

图 2－36　单腿罗马尼亚硬拉

14. 坐姿伸膝（图 2－37）

（1）起始姿势：坐位，背部紧靠靠垫，脚踝放在器械的踝滚后，并紧贴踝滚，两脚两腿平行，膝关节要与机器转轴同心，否则要调整靠垫或踝滚，摆正腿位，两手抓紧坐位两侧的把手。

（2）向上运动时相：充分伸膝，抬起踝滚，保持躯干直立，背紧靠靠垫，保持大腿、小腿和脚的平行，两手要抓紧把手，不让髋或臀部离开坐位，不要用力锁死膝关节。

（3）向下运动时相：膝部缓慢弯曲回到起始姿势，保持躯干挺直，紧密以背部低压背垫，保持大腿、小腿和脚的平行，不让髋或臀部离开坐位，两手要抓紧把手。

（4）锻炼的肌肉：股外侧肌、股内侧肌、股中肌、股直肌。

图 2－37　坐姿伸膝

15. 坐姿屈膝（图 2－38）

（1）起始姿势：坐在练习器械的垫子上，贴紧垫子，踝关节放在踝滚之前并与之贴紧，两腿相互平行，膝关节要与器械转动轴同心，否则调整踝滚，摆正腿位，抓紧身体两侧的把手。

（2）向下运动时相：充分屈膝，下压踝滚，保持躯干直立，背紧靠靠垫，保持大腿、小腿和脚的平行，两手要抓紧把手，不让髋或臀部离开坐位。

（3）向上运动时相：缓慢伸膝，回到起始部位，保持躯干固定，背部和臀部紧贴垫子，两手抓紧身体两侧的把手，不要用力锁死膝关节。

（4）锻炼的肌肉：半膜肌、半腱肌、股二头肌。

图 2－38　坐姿屈膝

16. 跪姿屈膝（图 2－39）

（1）起始姿势：运动员跪在垫子上，躯干保持直立，两肘关节屈曲，离胸前约 10 cm，目视前方，由监护者按压住其小腿跟腱部，保持固定姿势。

（2）向下运动时相：身体缓慢下放，始终保持躯干直立，髋关节紧张、稳定，直至手臂和地面接触。

（3）向上运动时相：大腿后侧肌群收缩，使身体缓慢上起，同时保持躯干直立，直到回到起始姿势。

（4）锻炼的肌肉：半膜肌、半腱肌、股二头肌。

图2－39　跪姿屈膝

（七）肩与手臂

1. 肩上推举（图2－40）

（1）起始姿势（运动员）：在垂直的凳子上坐下，保持身体五点接触姿势，以正握住杠铃，握宽大于肩宽，示意监护者将杠铃移出支架，推举杠铃过头，直至手肘完全伸直。

起始姿势（监护者）：监护者两脚分开，与肩同宽，微微屈膝，以正反握的方式抓住杠铃，在运动员示意后，帮助其将杠铃移出支架。

（2）向下运动时相（运动员）：肘关节缓慢弯曲，降低杠铃，保持腕关节紧张，双臂平行，当杠铃接触到锁骨和三角肌前束时，头部微微伸展，使杠铃通过面部，始终保持五点接触。

向下运动时相：（监护者）：在杠铃下降过程中，以正反握接近杠铃但不要接触到，随着杠铃的运动，监护者保持稍微弯曲，背部挺直。

（3）向上运动时相：（运动员）：通过伸展肘关节，直至肘关节完全伸直，保持腕关节紧张，双臂平行，保持五点接触，不要弓背或者是离开座椅，完成一组练习后，示意监护者协助将杠铃放于支架上。

向上运动时相（监护者）：在杠铃上升过程中，以正反握接近杠铃但不要接触到，随着杠铃的运动，膝关节、髋关节和躯干稍微伸直，背部保持平直，在运动员示意完成一组练习后，协助将杠铃放于支架上。

（4）锻炼的肌肉：三角肌前部和中部。

图 2－40　肩上推举

2. 哑铃肩上推举（图2－41）

（1）起始姿势（运动员）：在垂直的凳子上坐下，保持身体五点接触姿势，正握哑铃，肘部弯曲，前臂保持平行。

起始姿势（监护者）：监护者两脚分开，与肩同宽，微微屈膝靠近凳子垂直站立，双手握住运动员的前臂，靠近手腕的位置，听到运动员的信号后，平稳地从运动员的前臂松开。

（2）向上运动时相（运动员）：用力向上推哑铃，直到肘关节完全伸直，手腕要紧张、稳定，保持身体的“五点”接触，不要拱腰，不要用力锁死肘关节。

向上运动时相（监护者）：在哑铃的上升过程中，保持手和前臂很接近，但不要触及到运动员的前臂，跟随着哑铃的上升过程中，伸膝、伸髋，但要保持背部挺直。

（3）向下运动时相（运动员）：缓慢屈肘，放低哑铃至起始姿势，始终保持手腕紧张、稳定和身体的“五点”接触。

向下运动时相（监护者）：在哑铃下降的过程中，保持手和前臂很接近，但不要触及运动员的前臂，在哑铃下降的过程中，微微屈膝、屈髋，背部保持挺直。

（4）锻炼的肌肉：三角肌前部和中部。

图2－41　哑铃肩上推举

3. 提肘上拉（图2－42）

（1）起始姿势：正握杠铃，握距比肩窄，两脚开立与肩同宽，膝微屈，肘关节伸直，指向外侧，杠铃靠着大腿。

（2）向上运动时相：将杠铃沿着腹、胸向下颌提拉，保持膝、躯干姿势不变，不要晃动身体，不要脚跟离地，不要摆动杠铃，拉到最高点时，肘高过手腕，甚至高过肩。

（3）向下运动时相：缓慢将杠铃放回起始姿势，保持躯干和膝关节的位置不变，在下降到最低位置时，不要在大腿上弹杠铃。

（4）锻炼的肌肉：三角肌、斜方肌。

图2－42　提肘上拉

4. 站姿推肩（图2－43）

（1）起始姿势：身体呈直立状态，两脚开立，与肩同宽，正握哑铃，肘部弯曲，前臂保持平行。

（2）向上运动时相：用力向上推哑铃，直到肘关节完全伸直，手腕要紧张、稳定，保持身体直立，不要用力锁死肘关节。

（3）向下运动时相：缓慢屈肘，放低哑铃至起始姿势，始终保持手腕紧张、稳定。

（4）锻炼的肌肉：三角肌前部和中部。

图2－43　站姿推肩

5. 哑铃手臂前屈（图2-44）

（1）起始姿势：身体呈直立状态，两脚开立，与肩同宽，正握哑铃，肘部弯曲，放于身体前侧。

（2）向上运动时相：手臂用力前屈向上推哑铃，直到肘关节完全伸直，手腕要紧张、稳定，躯干保持直立，不要用力锁死肘关节。

（3）向下运动时相：手臂缓慢向下，放低哑铃至起始姿势，始终保持手腕紧张、稳定和身体直立，两手臂交替进行。

（4）锻炼的肌肉：三角肌前部和中部。

图2-44　哑铃手臂前屈

6. 哑铃侧平举（图2-45）

（1）起始姿势：身体呈直立状态，两脚开立，与肩同宽，正握哑铃，放于身体两侧。

（2）向上运动时相：手臂用力向外展哑铃，直到肘关节完全伸直，手腕要紧张、稳定，保持躯干直立，不要用力锁死肘关节。

（3）向下运动时相：缓慢向下内收手臂，放低哑铃至起始姿势，始终保持手腕紧张、稳定。

（4）锻炼的肌肉：三角肌前部和中部。

图2-45　哑铃侧平举

7. 哑铃绕 8 字（图 2－46）

（1）起始姿势：两脚开立与肩同宽，身体保持直立，手正握哑铃，放于身体两侧。

（2）动作步骤：一只手臂屈肘向内旋，并向上伸展，直至肘关节完全伸直，但不要锁住肘关节，在此过程中保持腕部紧张、直立；另一只手臂屈肘向外旋，并向上伸展，直至肘关节完全伸直，但不要锁住肘关节，在此过程中保持腕部紧张、直立，双手可独立进行，熟练后可以同步进行。

图 2－46 哑铃绕 8 字

（八）爆发力练习

1. 快速上举（图 2－47）

这个练习是快速有力地将杠铃由肩前部推至头顶上方。尽管该练习的上升过程分为两个时相，但整个上举过程都是一个连续的、不间断的过程。

该练习可以在爆发力练习架中由支架上取下杠铃置于肩部，或者通过高翻练习动作将杠铃由地面举至肩部开始。下面的动作要领介绍的是在爆发力练习架内进行的“推举”。

（1）起始姿势：正握杠铃，握距较肩略宽，身体移到杠铃杆下方，两脚开立与髋同宽，相互平行，向上移动到杠铃杆位置，将杠铃杆放在三角肌前部和锁骨上，伸髋、伸膝、将杠铃抬离支架，向后退一步，两脚分立与肩同宽（或略宽于肩），两脚受力均匀，脚微微外八字，每一次重复都由此位置开始。

（2）向上运动时相：下蹲之后，快速有力地伸髋、伸膝，接着利用推肘之力将杠铃举至头顶上方。

（3）向下运动时相：逐步减小臂部肌肉的紧张度，使杠铃有控制地下移至肩部，同时屈髋、屈膝，以缓冲杠铃对肩部的冲击力。

（4）锻炼的肌肉：臀大肌、半膜肌、半腱肌、股二头肌、股外侧肌、股内侧肌、股直肌、比目鱼肌、腓肠肌。

图2－47　快速上举

2. 高翻（图2－48）

这个练习是通过快速有力地提拉将杠铃由地面快速移至肩前。这个动作包含四个时相，但却是一个一次完成的、连贯的、不间断的整体动作。

（1）起始姿势：两脚开立，宽度介于肩宽与髋宽之间，脚轻微外八字，下蹲，髋低于肩，两手正握杠铃，握距略宽于肩，置于两膝外侧，肘伸直，脚平稳站立，杠铃杆在脚上方，距胫骨约3 cm。

（2）向上运动时相（第一次提拉）：用力伸髋、膝，将杠铃提离地面，保持躯干与地面相对角度不变，不要在抬肩之前抬臀，保持背部挺直，保持肘关节伸直，头位居中，肩在杠铃杆上方或略前，杠铃拉起后，尽量贴近胫骨。

（3）向上运动时相（过渡）：当杠铃高过膝关节后，向前挺髋，轻微屈膝，膝向前顶，置于杠铃杆下方，保持背部挺直或微拱，肘伸直指向外侧，头与躯干成一条直线。

（4）向上运动时相（第二次提拉）：快速有力地伸髋、伸膝，踝关节跖屈，保持杠铃杆贴近或触及大腿，保持杠铃杆尽量靠近身体，保持背部挺直，肘关节指向外侧，头与躯干成一条直线，保持肩在杠铃杆上方，肘关节伸直的时间越长越好，当下肢关节充分伸展之时，快速向上耸肩，仍保持肘伸直，当肩向上耸达到最高点后，屈肘，开始将身体移向杠铃杆下方，举杠越高、时间越长越好，由于这个阶段的爆发性质，躯干直立或微微后仰，头微微向后倾，脚可能短暂离开地面。

（5）向上运动时相（抓杠）：当下肢关节完全伸展，杠铃达到最高点时，身体移入杠铃下方，胳膊移至杠铃杆下面，同时屈膝、屈髋，达到下蹲1/4的位置，一旦胳膊转至杠铃下面，抬肘，使上臂与地面平行，将杠铃横架在锁骨和三角肌前部之上，伸髋、伸膝，充分站直。

（6）向下运动时相：逐步减小胳膊肌肉张力，有控制地将杠铃下降到大腿处，同时屈髋、屈膝，缓冲杠铃在大腿上的冲力，肘关节伸直下蹲，至杠铃触地。

（7）锻炼的肌肉：臀大肌、半膜肌、半腱肌、股二头肌、股外侧肌、股内侧肌、股中肌、股直肌、比目鱼肌、腓肠肌、三角肌、斜方肌。

图2－48 高 翻

3. 抓举（图2－49）

这个练习是将杠铃从地面直接举到头顶上方，肘关节伸直，整个动作一气呵成，虽然上举过程可以分成许多时相，但动作一定要连贯、没有停顿。

（1）起始姿势：两脚开立，宽度介于肩宽和髋宽之间，略微呈外八字，下蹲，肩高于髋，以闭锁式（或钩式）正握杠铃，握距较其他练习宽。有两种方法可以确定宽度，一是两肘之间的宽度：两臂侧平举时两肘关节之间的距离，二是一只胳膊侧平举，并握紧拳，其手的边缘到对侧肩的边缘之间的距离。肘关节伸直，两脚立稳，杠铃杆在脚面上方，距胫骨约 3 cm。

（2）向上运动时相（第一次提拉）：用力伸髋、伸膝，将杠铃提离地面，保持躯干与地面角度不变，不要在抬肩前抬臂，保持背部挺直，保持肘伸直，头居中并与躯干在一条直线，肩在杠铃杆上方或略前，杠铃拉起来后，尽量贴近胫骨。

（3）向上运动时相（过渡）：杠铃一旦过膝，向前顶髋，膝关节微屈，向前顶到杠铃杆下方，保持背部挺直或略拱，肘要充分伸直，肘关节指向外侧，头与躯干成一条直线。

图 2－49　抓举正面

（4）向上运动时相（第二次提拉）：快速、有力地伸髋、伸膝、跖屈踝关节，杠铃靠近或触及大腿前面，杠铃尽量靠近身体，保持背部挺直，肘指向外侧，头与躯干成一条直线，肩在杠铃上方，尽量延长伸肘时间，当肘关节充分伸直后，快速向上耸肩，仍然保持直肘，当肩抬到最高位时，屈肘，身体向杠铃杆下方移动，手臂尽量向上拉，越长时间、越高越好，因为这个时相的爆发特性，躯干直立或微微向后倾，两脚可能会有离地现象。

（5）向上运动时相（抓）：当下肢全部伸直，杠铃接近最高点时，身体移至杠铃杆下方，快速转腕至杠铃杆下方，同时髋、膝屈至下蹲1/4位，伸髋、伸膝、站直，将杠铃稳定在头顶上。

（6）向下运动时相：缓缓减轻肩的肌肉张力，有控制地将杠铃下放至大腿处，同时屈髋、屈膝缓冲杠铃对大腿的冲击，直肘下蹲直至杠铃触地。

（7）锻炼的肌肉：臀大肌、半腱肌、半膜肌、股二头肌、股外侧肌、股内侧肌、股中肌、股直肌、比目鱼肌、腓肠肌、三角肌、斜方肌。

（九）全　身

1. 哑铃片旋转上举（图2－50）

（1）起始姿势：两腿成弓箭步，左腿和地面平行，右腿微屈，目光向前注视，上身向左转，且上身保持直立，将杠铃片放置腹部或髋关节处。

（2）向上运动时相：身体向右转动，左腿伸膝、伸髋，右腿向前蹬伸，同时屈膝、屈髋，将杠铃片推举至身体右前上方。

图2－50　哑铃片旋转上举

（3）向下运动时相：身体向左转动，同时左腿屈膝、屈髋，右腿向后伸膝、伸髋，直至返回到起始姿势。

2. 俯卧撑侧举（图2－51）

（1）起始姿势：身体呈俯卧姿势，手持六角哑铃，肘关节完全伸展，保持身体挺直，两脚分开，与肩同宽，头部在身体的延长线上，保持固定。

（2）向下运动时相：通过肘关节屈曲，使身体下降，在下降过程中，保持身体挺直，直至下降到和地面几乎接触。其中一只手臂向身体同侧高举，眼睛始终注视着哑铃，同时身体保持直立。

（3）向上运动时相：双臂肘关节伸直撑起，单臂侧平举，同时眼睛始终注视着哑铃。

图2－51　俯卧撑侧举

3. 俯卧推拉哑铃（图 2－52）

（1）起始姿势：双脚平行站立，与肩同宽，膝关节伸直，躯干前屈，头部微微上扬，肘关节完全伸直，正握住哑铃。

（2）向下运动时相：两臂向前滑动，始终保持两臂平行且肘关节完全伸展，在下降过程中躯干始终保持直立，背部平直，两臂尽可能地向前方滑动。

（3）向上运动时相：两臂向后滑动，始终保持两臂平行且肘关节完全伸展，躯干和背部保持平直，直至回到起始姿势。

图 2－52　俯卧推拉哑铃

4. 土耳其起立（图 2－53）

（1）起始姿势：仰卧姿，左腿伸直，右腿屈膝约成 90°夹角。脚踏于地面，右手正握哑铃，手臂伸直且垂直于地面，左臂置于体侧，掌心朝下，双眼直视哑铃。

（2）向上运动时相：上身按照右肩、左肩、腰背的顺序快速挺起离地，以左前臂支撑起身体，上身挺起，挺胸直背，左手伸直撑地，右腿及臀部用力，左侧缓向上抬起，左手支撑地面使身体从头至左脚呈一条直线，左腿向后移动单膝跪地，使左膝、踝与左手在一条直线上，与身体挺直，身体呈半跪姿，站起成直立姿基本站位，在动作过程中，保持挺胸直背。右臂持哑铃与地面始终保持垂直，眼睛一直盯着哑铃。

（3）动作功能：改善全身关节的灵活性与稳定性，提高动力链能量的传递效率。主要发展腹直肌、腹内外斜肌、臀大肌、股四头肌、腘绳肌、内收肌、小腿三头肌、斜方肌和三角肌。

图 2 –53　土耳其起立

第三节　超等长力量训练

一、超等长力量训练释义

超等长力量训练是指肌肉被快速地拉长（离心阶段），然后积极收缩（向心阶段），利用肌腱弹性、肌肉收缩和牵张反射来发展力量的训练形式。训练目的是通过脊髓反射改善神经系统的适应性增强肌肉力量，提高支撑力、弹跳反应力、鞭打力等。练习中，当肌肉快速地被拉长，刺激了肌梭感受器，产生牵张反射，被拉长的肌肉积极收缩，以保持长度的恒定。各种起跳前的制动或缓冲、投掷前的预拉长，就是利用牵张反射，使肌肉的收缩力量加强。

二、超等长力量训练的生理学机制

超等长运动包含了在短时间内增加肌肉募集的反射刺激以及串联弹性组分的能量储存。它包含三个时相（表 2－10）。

第一时相是离心时相，是主动肌的前负荷阶段，在这个时相中，串联弹性组分（SEC）储存能量，肌肉的肌梭受到刺激。当肌肉的肌梭受到刺激后，通过 Ia 型神经纤维将冲动传至脊髓前根。

第二时相位于离心时相和向心时相之间，叫做过渡时相，是肌肉的离心时相结束至向心时相开始的一段时间。离心时相和向心时相之间有一个延迟，这是 Ia 型神经纤维与 α 运动神经元在脊髓前根发生突触传递的时段。然后 α 运动神经元将冲动传递给主动肌，该时相是肌肉能否获得更强收缩力的关键，时间必须很短，如时间拖得太长，储存的弹性能便以热的形式释放出来，肌肉牵张反射的能量也不能在肌肉工作的向心时相发挥。

第三时相是向心时相。在这个时相中，在离心时相储存的弹性能释放出来以增加肌肉力。由于弹性能参与，肌肉的向心收缩产生的力超过了没有弹性能参与时的力。另外，α 运动神经元刺激主动肌，引起反射性向心收缩，进一步使力量得到增加。

表 2－10　超等长周期的生理学机制

时相	表现	生理学机制
Ⅰ－离心时相	主动肌拉长	弹性能储存在串联弹性组分中； 肌梭受到刺激；
Ⅱ－过渡时相	两时相间的暂停	Ia 神经纤维与 α 运动神经元发生突触联系； α 运动神经纤维将冲动传达至主动肌；
Ⅲ－向心时相	主动肌纤维收缩	串联弹性组分（SEC）释放弹性能； α 运动神经刺激主动肌。

（引自《体能训练指导》，备战 2008 奥运会科技专家组编印）

三、超等长力量训练需注意的问题

超等长练习时，如违背正确的训练程序、体能训练基础不扎实、运动量和强度不适宜、运动鞋不合适、场地不适宜、技术不规范将影响训练质量并容易造成运动损伤。

（一） 超等长练习的技术

在进行任何新的超等长练习时，教练员必须先示范、讲解，以充分发挥练习的有效性。对下肢超等长练习来说，正确的落地姿势非常重要，特别在跳深练习中。为了保证身体重心具有稳固的支撑，落地时肩应在膝的正上方。如果落地时重心偏离支撑，极有可能造成损伤。

（二） 力量基础

在进行超等长练习之前，运动员应具有一定的力量发展水平。运动员进行高强度超等长训练的最低力量标准如下：运动员进行下肢的超等长练习时，下蹲力量应达到自身体重的 1.5 倍以上；进行上肢超等长练习时，运动员的卧推力量必须达到自身体重的 1 倍（大体重运动员，体重达到 100 千克）或 1.5 倍（小体重运动员，体重小于 100 千克），或者能连续做 5 个击掌俯卧撑。如果运动员达不到上述标准，不宜开始超等长训练，要先发展其力量。

（三） 速　度

因为超等长练习需要快速完成，运动员应具备一定的快速运动能力。运动员在下肢超等长练习时，应该具有以 60% 体重为负荷，在 5 s 之内完成 5 次以上蹲起的能力。上肢超等长练习时，应该能具有以 60% 体重为负荷，在 5 s 之内完成 5 次以上卧推的能力。

（四） 年　龄

目前尚无研究指出，什么年龄可以开始进行超等长训练而不至于影响肌肉、骨骼和关节的正常生长、发育。需要注意的是青春期前的儿童骨骼板尚未闭合，跳深训练或其他高强度超等长练习是不适宜的，高强度的运动活动或者运动损伤可以使骨骼板在未发育完全之前闭合，导致肢体长度的差异。

（五）身体特点

运动员体重超过 100 千克后，进行超等长练习时损伤的概率增大。体重大，增加了超等长练习对髋关节、膝关节的挤压，容易使关节受伤。因而，体重超过 100 千克的运动员，应避免大量、大强度的超等长练习。还有，体重超过 100 千克的运动员，在跳深练习中的高度不能超过 46 cm。另外，在开始超等长力量训练之前，一定要检查关节基本的灵活性和稳定性。关节旧伤或关节异常都会增加损伤的风险。有肌肉拉伤历史，有病理性关节松弛症，有脊椎异常（包括椎间盘挤压或椎间盘功能异常）等症状的运动员，要特别注意。

（六）器械和设备

1. 地　面

超等长训练的地面必须有缓冲性能，如草地、悬空式地板、胶垫等都是理想的地面，可以有效地避免损伤。水泥、地砖、硬木地面等缺乏缓冲性，不宜进行超等长训练。太厚的垫子（厚度大于 15 cm）会使超等长过渡期延长，影响牵拉反射。注意：康复训练时，超等长练习的初期和平衡训练可以采用小型弹网或厚垫子，但对于正常运动员而言，不宜太多使用。

2. 练习场所

超等长练习所需要的空间因练习方式不同而有差异。多级跳练习和跑跳练习需要 30 m 以上的直道。对立定跳、跳箱和跳深练习而言，面积不用太大，但空间要较高（3 m ~ 4 m）。

3. 设　备

跳箱和跳深练习的箱子一定要稳固，结实，表面防滑，高度在 15 cm ~ 107 cm 之间，落地面积至少要 46 cm × 61 cm。箱子表面要防滑，可以加装防滑垫，也可在油漆中加沙子，涂刷箱子表面，也可铺橡胶地板。

4. 合适的鞋袜

鞋袜要对足弓和踝关节有支持作用，要有横向稳定性，鞋底要宽，要防滑。在横向运动中，鞋底窄，支撑差的鞋（如跑步鞋）可能招致踝关节损伤。

四、超等长力量训练设计

（一）练习方式

下肢的超等长练习有原地双脚跳、半蹲跳、团身跳、单腿团身跳、原地弓箭步跳、原地弓箭步交替跳等、立定跳、纵跳、多级跳、跳箱、跳深等类型。上身的练习包括：实心球抛接和击掌俯卧撑等。躯干的练习包括：实心球、仰卧起坐、快速背屈伸练习等。

（二） 负荷强度

超等长练习的强度是指施加于相关肌肉、结缔组织、关节的刺激程度。超等长练习的强度范围很大，跳绳的强度较低，而跳深练习的强度则很高。跳深的高度是有限制的。1.2 m 的高度能够使肌肉获得超负荷的刺激，但对大多数运动员来说，高度太高，不易掌握正确的技术，增加了受伤的风险，超等长过渡期的延长，不利于利用牵拉反射。跳深高度不应该超过 1.1 m。

表 2－11　影响下肢超等长练习强度的因素

因素	效应
接触点	在单腿跳练习中，接触点少，地面的反作用力的刺激大于双脚跳。
速度	速度越快，练习的强度越大。
练习高度	身体重心越高，落地的冲力就越大。
体重	运动员体重越大，强度越大。增加额外负荷（如沙袋、沙背心）提高强度。

（引自《体能训练指导》，备战 2008 奥运会科技专家组编印）

（三） 超等长练习的频率

练习频率是指每周进行超等长练习课的次数。超等长练习安排主要依据运动项目、所处的周期阶段及运动员的状态，通常为 1～3 次。超等长练习的课间恢复一定要充分，避免过度训练。另外，针对同一部位的超等长练习不要连续两天都安排。有研究认为，超等长训练课间必需的恢复时间是 48h～72h，因此，每周可以安排 2～4 次练习。另外，如 NBA 赛季中的篮球运动员一般不要超过 1 次练习，准备期可以安排 2～3 次。

（四） 间歇时间

在提高无氧功率的超等长训练中，需要运动员以最大努力去完成练习，因而，在练习的次与次之间、组与组之间、课与课之间，都要充分地恢复。在跳深训练中，次与次之间的恢复时间应为 5 s～10 s，组与组之间的恢复时间应为 2min～3min。组与组之间的间歇时间由练习时间与休息时间的比值来决定（如 1:5～1:10），这种比值因项目不同、练习方式不同而有较大差别。

（五） 训练量

超等长练习的负荷量一般表示为一次课中练习的重复次数和组数。超等长负荷量也要根据不同运动员、不同训练水平来调整。在下肢练习中，通常以每次课中脚触地的次数

（单脚触地或双脚触地都算一次触地）、或距离（像跨步跳练习）来衡量。上身训练量以每次课抛接的次数及触地的次数来衡量。

表 2－12　超等长练习训练量的建议

运动员的训练经验	开始训练时的量（触地或抛接次数、距离）
初级（初学）	80～100
中级（有一定经验）	100～120
高级（很有经验）	120～140

（引自《NBA 体能训练》. 孙欢译. 人民体育出版社，2004）

实例：NBA 赛季前的弹跳力训练计划

- 周期时间 12 周
- 每周训练 1～2 次
- 每次训练 15min～30min
- 恢复

每两次训练课之间的恢复调整期至少为 48h～72h。

每两组练习之间间隔时间为 2min～4min。

- 采用的练习

纵跳摸高、侧跳箱、横跳箱、跳深、跨步跳等。

- 重复次数/组数

每次训练课安排上半身或下半身弹跳力练习的总次数为 80～120 次。

- 强度：中等强度

五、超等长力量训练具体练习

（一）下肢超等长练习

1. 原地跳（图 2－54）

（1）双踝纵跳

起始姿势：两脚与肩同宽，身体直立。

动作描述：踝关节发力，连续原地起跳，每次跳跃最大程度地伸展踝关节。

图 2－54　双踝纵跳

（2）转髋跳（图 2－55）

起始姿势：两脚与肩同宽，身体直立。

动作描述：跳起后转动髋部，下肢转动 180°，下一跳下肢回到初始位置。连续跳跃，每次跳起后转动下肢，上身保持不动。动作由髋和腿来完成。

图 2－55　转髋跳

(3) 半蹲跳(图 2-56)

起始姿势:两脚与肩同宽,屈膝屈髋成半蹲姿势,双手交叉于脑后。

动作描述:爆发式地向上跳起,尽可能达到最大高度。落地后成起始姿势,并立即接下一次起跳。

图 2-56 半蹲跳

(4) 后踢腿跳(图 2-57)

起始姿势:两脚与肩同宽,身体直立。

动作描述:微屈膝屈髋后,双手摆臂并迅速跳起。跳起后屈膝,用脚后跟踢臀部。落地成起跳姿势,并尽可能快地接下一次起跳。

图 2-57 后踢腿跳

（5）收腹跳（图 2－58）

起始姿势：两脚与肩同宽，身体直立。

动作描述：微屈膝屈髋后，双手摆臂并迅速跳起，上提膝部到胸部，并双手抱膝。落地成起始姿势，并立即接下一次起跳。

图 2－58　收腹跳

（6）分腿屈体跳（图 2－59）

起始姿势：两脚与肩同宽，身体直立。

动作描述：微屈膝屈髋后，双手摆臂并迅速跳起，两腿直膝向外分开并上抬。在跃起的最高点，用手尝试触摸脚尖。落地成起始姿势，并立即接下一次起跳。

图 2－59　分腿屈体跳

(7) 弓步跳(图2-60)

起始姿势:两脚前后分开,成弓步,屈髋、屈膝成90°。

动作描述:两臂上摆带动起跳,空中保持弓步姿势,落地成起始姿势,并立即重复跳起。

图2-60 弓步跳

(8) 交替弓步跳(图2-61)

起始姿势:两脚前后分开,成弓步,屈髋、屈膝成90°。

动作描述:起跳同弓步跳,起跳后双腿迅速交换位置。落地成弓步下蹲动作,然后立即再接下一次起跳。

图2-61 交替弓步跳

(9) 单腿收腹跳 (图 2 - 62)

起始姿势：单腿站立，另一条腿保持屈膝悬空状态。

动作描述：支撑腿微屈膝、屈髋后，双手摆臂并迅速跳起，上提起跳腿膝部到胸部，并双手将其抱住。落地成起始姿势，并立即接下一次起跳。

图 2 - 62 单腿收腹跳

2. 立定跳

(1) 纵跳 (图 2 - 63)

准备姿势：两脚与肩同宽，身体直立。

动作描述：微屈膝、屈髋后，双手摆臂并迅速跳起，尽可能地触摸到更高的高度。落地回到起始姿势，并尽可能快地接下一次起跳。

图 2 - 63 纵 跳

（2）立定跳远（图 2－64）
所需器材：垫子或沙坑。
起始动作：半蹲站立，两脚与肩同宽。
动作描述：利用手臂的摆动和下肢的反向运动（下蹲），尽可能地向远处跳起。

图 2－64　立定跳远

（3）立定跳跃栏架（图 2－65）
所需器材：小栏架 1 个。
起始动作：两脚与肩同宽，身体直立。

图 2－65　立定跳跃栏架

动作描述：微屈膝、屈髋后，双手摆臂并迅速跳起跃过栏架。跳跃过程中双膝并拢不要左右分开。落地成起跳姿势。

（4）侧向连续跳跃障碍（图 2－66）

所需器材：栏架 1 个。

起始姿势：双脚与肩同宽，身体直立站在栏架的一侧。

动作描述：向一侧跳起，提膝越过障碍。依此方法做左右连续跳跃。

图 2－66　侧向连续跳跃障碍

（5）正向连续跳跃障碍（图 2－67）

所需器材：6～10 个标志桶或小栏架排成一列，两个圆锥或栏架之间的距离大约为 90 cm～180 cm。

起始姿势：站立在这一排栏架或圆锥的顶端。

动作描述：保持双脚与肩同宽，越过每个障碍物，并双脚同时着地。利用双臂摆动并尽可能地减少双脚接触地面的时间。

图 2－67　正向连续跳跃障碍

（6）“Z 字型”侧向连续跳跃障碍（图 2－68）

所需器材：6～10 个 20 cm～30 cm 高的小栏架交错排列。

起始姿势：双脚并拢站立在这一排圆锥或栏架的末端。

动作描述：脚踝并拢，以 Z 字型的路线跳跃栏架。同时，用双脚的前脚掌同时着地，并用双臂摆动来把持身体的平稳移动。

图 2－68 “Z 字型”侧向连续跳跃障碍

(7) 连续侧向跳跃多障碍（图 2-69）

所需器材：3~5 个圆锥或小栏架排成一排，每个相隔 60 cm~90 cm，距离根据运动员的能力而定。

起始姿势：双脚分开与肩同宽，站立在这一排圆锥或栏架的末端。

动作描述：沿着圆锥或栏架侧向跳跃，双脚着地。越过最后一个障碍物时，外侧的脚着地并迅速蹬地改变方向，然后继续沿着栏架双脚侧向跳跃障碍。越过最后一个障碍物后再次利用外侧脚的蹬地来改变方向。保持运动顺畅平稳，身体改变方向时尽量不要停顿。

图 2-69 连续侧向跳跃多障碍

3. 行进间跳

(1) 连续单脚跳跃障碍（图2－70）

起始姿势：单腿站立，另一条腿保持屈膝悬空状态。

动作描述：支撑腿微屈膝、屈髋后，双手摆臂并迅速向远处跳起。落地回到起跳姿势，并尽可能快地用同一条腿接下一次起跳。

图2－70 连续单脚跳跃障碍

4. 跳　箱

（1）蹲跳跳箱（图 2－71）

起始姿势：两脚与肩同宽面向箱子，将手放在脑后。

动作描述：屈膝、屈髋后下肢快速蹬伸跳起，双脚轻轻落于箱子上，退后走回原位并重复这一动作。

图 2－71　蹲跳跳箱

（2）正面跳上（图 2－72）

起始姿势：两脚与肩同宽面向箱子站立。

动作描述：屈膝、屈髋后双臂迅速摆臂，下肢快速蹬伸跳起，屈膝、屈髋缓冲轻轻落于箱子上。退后走回原位并重复这一动作。

图 2－72　正面跳上

（3）单腿蹬箱跳起（图 2－73）

起始姿势：一只脚放在箱子上，脚后跟贴近箱子边缘，另一只脚站在地上。

动作描述：快速蹬伸放在箱子上的腿，使身体尽可能地升高，用相同的脚落地，箱子上的脚要比地面上的脚稍早落下，立刻反复蹬伸跳起。利用双臂的摆动增加跳起高度和维持身体的平衡。

图 2 -73 单腿蹬箱跳起

(4) 双脚交换跳 (图 2 -74)

起始姿势:一只脚放在箱子上,脚后跟贴近箱子边缘,另一只脚站在地上。

动作描述:快速蹬伸放在箱子上的腿,使身体尽可能地升高,交换脚着地(交替上抬的脚较早落在箱子上)利用双臂的摆动增加跳起高度和维持身体的平衡。

图 2 -74 双脚交换跳

续图 2－74　双脚交换跳

（5）侧向单腿跳起（图 2－75）

起始姿势：站在箱子的一边，将靠近箱子的脚放在箱子上。

动作描述：用力蹬伸放在箱子上的腿，使身体升起直到蹬伸腿完全伸直，然后落下恢复原位。支撑在地面上的腿则不要用力，完全由放在箱子上的腿做功。两条腿交换练习。

图 2－75　侧向单腿跳起

（6）侧向跳过跳箱（图 2－76）

起始姿势：站在箱子的一边，将靠近箱子的脚放在箱子中间位置。

动作描述：利用双臂摆动，向另一边跳起越过箱子，用原来在箱子上的脚着地，原来在地上的脚则落在箱子上。练习时动作必须连贯，在箱子上面左右反复地穿梭。

图 2－76　侧向跳过跳箱

（7）侧向跳箱跳跃（图 2－77）

起始姿势：双脚与肩同宽，站在箱子的一边。

动作描述：跳到箱子上，然后从另一边跳回地面。这个练习可以进行单个的跳跃，或者连续跳跃一排同高度的箱子。

变化练习：30 s—60 s—90 s 跳箱跳跃。

起始姿势：两脚与肩同宽，站在箱子的一边。

动作描述：跳到箱子上，从另一边跳下，然后再跳回到箱子上。在给定的时间里连续完成动作，每次触到箱子顶部为一次。可以借鉴以下标准：

30 s 内完成 30 次（低强度）。

60 s 内完成 60 次（中强度）。

90 s 内完成 90 次（高强度）。

图 2 –77　侧向跳箱跳跃

5. 跳深（图2－78）

（1）箱上跳下

起始姿势：两脚与肩同宽，站在箱子上面，脚尖靠近箱子的顶端。

动作描述：一只脚从箱子上迈出，跳下，双脚着地，屈髋、屈膝迅速缓冲。重新回到箱子上，进行下一次练习。

图2－78　箱上跳下

（2）跳深（图2－79）

起始姿势：站在箱子上，脚尖靠近箱子前缘。

动作描述：离开箱子，双脚落地。提前做好落地准备并尽可能快速地起跳。尽可能地减少脚与地面的接触时间。

图2－79　跳　深

(3) 跳深接跳箱(图2－80)

起始姿势:站在一个箱子上,脚尖贴近箱子前缘并且两脚分开与肩同宽,面向第二个箱子。

动作描述:从箱子上跳下,双脚着地,然后跳向第二个箱子,轻轻落下。落地后的起跳动作尽可能地快。

图2－80 跳深接跳箱

（4）跳深接侧向跑（图 2－81）

起始姿势：站在箱子上，脚尖靠近箱子的前缘，面向搭档。

动作描述：迈下箱子并双脚落地，在落地的时候，搭档用手指向左边或右边，然后向搭档所指方向快速跑 10 m～12 m。

图 2－81 跳深接侧向跑

（二） 上肢超等长练习

1. 仰卧上抛实心球（图2－82）

起始姿势：平躺在地面上，双手胸前向上伸，搭档站在箱子上持球放在同伴手臂上方。

动作描述：搭档丢球。接球后迅速将球传回搭档。重复这个练习。

图2－82　仰卧上抛实心球

2. 仰卧抛接实心球（图2－83）

起始姿势：屈膝仰卧，头上方持球放置于地面。搭档靠近同伴脚尖。

动作描述：伸直手臂，将球抛向搭档。搭档可以后退，以增加练习的强度。

图 2－83　仰卧抛接实心球

3. 俯卧撑跳深（图2-84）

起始姿势：肘关节伸直，双手撑于放在地面的实心球上。

动作描述：手迅速从球上移开，双手略比肩宽、屈肘缓冲下落着地。着地后立刻做爆发式俯卧撑，双手回到实心球上。

图2-84　俯卧撑跳深

4. 药球俯卧撑（图2－85）

起始姿势：一只手放在药球上，另一只手支撑在地面上，肘关节伸直。

动作描述：两手臂同时屈肘，腹部、臀部收紧，直至接近地面，然后把药球迅速放到另一只手上，重复上述动作。

图2－85　药球俯卧撑

（三） 腰腹超等长练习

1. 仰卧推实心球（图 2 –86）

起始姿势：坐在地上，躯干约成 45°，同伴持球站在对面。

动作描述：同伴将球抛到练习者伸出的手中。练习者将球接住，躯干可以稍微伸展，然后立即将球推给同伴。

图 2 –86　仰卧推实心球

2. 侧抛实心球

起始动作：将球置于身体右侧，双脚与肩同宽站立。

动作描述：将球进一步向右侧摆，然后用力向左侧抛出。可以将球抛给搭档，或者抛到训练墙上。

第四节　力量训练的基本方法和手段

一、力量训练的基本方法

（一）固定强度训练法

固定强度训练法是指在一定负荷强度上重复练习，并完成一定组数的训练方法。根据负荷强度的不同分为四类。

1. 极限强度训练法

该方法的目的是通过100%最大强度训练提高最大力量。保加利亚教练员伊万·阿巴杰在20世纪80年代创造并运用了这种训练方法，使保加利亚一跃成为世界举重强国。

- 负荷强度：100%。
- 负荷数量：每组重复次数在1~2次。
- 间歇时间：3min~5min。强度极高间歇时间相对较长。

运用该方法时应注意摸索负荷强度增加的数量和适应的时间；仅适用于高水平运动员，少儿运动员不宜采用该方法；十分注意对运动员腰部的保护，防止发生外伤事故。

2. 高强度训练法

该方法的目的是通过较大负荷强度，提高运动员肌肉内及肌肉间的协调性，增加最大力量，同时有效抑制肌纤维体积的增加。

- 负荷强度：85%以上。
- 负荷数量：每组重复次数1~6次，安排3~6组。
- 间歇时间：2min~5min左右。训练强度大，体能消耗比较多，休息时间较长。

3. 中等强度训练法

该方法的目的是通过提高一定负荷刺激并使肌纤维体积增加。

- 负荷强度：67%~85%之间。
- 负荷数量：每组一般做12~6次，安排3~6组。
- 间歇时间：30 s~90 s。

4. 低强度训练方法

该方法的目的是通过相对较低的负荷强度刺激肌纤维以提高力量耐力。

- 负荷强度：低于67%。
- 负荷数量：每组重复大于12次，安排1~3组。
- 间歇时间：低于30 s。

（二）最大向心－离心用力法

该方法将发展快速力量的最大向心动作优势与最大离心用力的最大峰值负荷特点结合在一起，有利于提高机体的输出功率。完成技术动作时，几乎自由下落的杠铃应在最短的时间内减速，然后加速推起。该方法通常用于卧推和上翻练习中，并在斯密斯架上进行，在完成一定重复组数时，不能停顿。

- 负荷强度：70% ~90%
- 重复次数：6 ~8 次
- 练习组数：3 ~5 组
- 间歇时间：5min

（三）金字塔训练法

金字塔训练法是指从一定负荷强度开始，逐渐递增强度，直到最大强度的训练方法。根据起始强度和最后强度的关系分为常规金字塔和窄金字塔两类。

1. 常规金字塔训练法

该方法在开始的强度设定一般不低于65%，然后逐步提高强度，减少重复次数，直至100%最大强度。该方法通过发展肌肉的协调和提高肌肉横截面积来提高最大力量。

- 强度：70%　80%　90%　100%
- 次数：9　7　3　1
- 组数：1　2　3　4
- 时间：3 ~5min

注意：练习组数是该方法的一个重要变量。低强度练习的组数多，更有利于横截面积增加，改善肌肉适应机制；高强度练习的组数多则有利于发展肌肉协调，改善神经适应机制。

例如，设计有利于肌肉协调的金字塔训练方法，可设计开始负荷为最大负荷的70%，做1组，每组9次；递增负荷为80%时，做2组，每组7次；递增负荷为90%时，做3组，每组3次，直至负荷为100%，做4组，每组1次。

2. 窄金字塔训练法

该方法从一个较高的强度开始，逐渐递增强度，最后达到100%，由于起始强度和最终强度之间只有10%的差距，因此，被形象地称为窄金字塔力量训练法。该方法强调了力量训练的高强度，有利于提高肌纤维的协调能力。

- 强度：90%　95%　97%　100%
- 次数：3　1　1　1 +1
- 组数：1　2　3　4 +5
- 时间：3 ~5min

窄金字塔和最大向心离心用力法同属于高强度训练方法。该类方法对中枢神经系统兴奋性要求很高，强调训练的质量而不是数量，因此组数也不宜安排过多。优点：中枢向运动单位发放神经冲动的频率高、强度大，发展肌纤维的募集能力，提高力量产生的速率。缺点是练习动作与专项动作差异较大。

（四）极限次数法

极限次数法是以某一个强度达到极限练习次数的训练方法。该方法可以有效地增加肌肉横断面积和提高力量耐力。

极限次数法的训练强度不大，一般控制在65% ~85%最大强度之间，发展肌肉横截面积，低于65%发展运动员的肌肉耐力。要求每组的重复次数达到极限次数，直到不能再做为止。

（五）低强度快速用力法

低强度快速用力法强调了抗阻练习时的动作速度，其目的是想兼顾力量和速度因素，使运动员体会最大用力感和最大速度感。

- 强度：通常采用30% ~50%的强度，但爆发力变化相对大
- 次组数：每组充分5~10次，3~6组
- 间歇时间：不易过长
- 动作要求：快速、协调

低强度快速用力法具有一定的缺陷：首先，向中枢神经系统输入的刺激不足以诱发高而强的神经冲动发放频率来完成运动单位的激活（表2-13）。另有研究表明，以30%的负荷强度、利用抗阻训练设施来进行多关节的快速力量练习是相当困难的。因为接近最远运动范围时还要控制杠铃的减速过程，而使肌肉得不到充足的负荷刺激。再者，如果采用闭合式练习，动作形式和专项运动形式不一致。该方法可以演变成开放链练习模仿专项动作以提高快速力量。

表2-13　不同强度抗阻训练方法的对比

评定指标	高强度组	低强度组
最大力量	18	17
爆发力	34	11
运动单位动员	8	3
激活速度	12	4
肌肉大小	10	10

（六） 复合训练法

该方法是以发展最大力量的抗阻练习和发展爆发性用力超等长练习相结合的旨在发展快速力量的方法。该方法里面包含抗阻练习和超等长练习两种，并且遵循先进行最大力量训练，后进行超等长练习的顺序。

例如，提高弹跳力的复合训练法

- 首先采用杠铃背蹲练习

负荷强度：90%最大力量。

- 重复次数：4 次
- 组数：3 组
- 然后采用立定跳远练习
- 强度：最大远度
- 重复次数 6；组数 3

另外，复合训练法也可以加入快速完成的抗阻练习，以实现自身的训练目的。例如，前苏联著名投掷专家波里斯·扎托立克对一位大学生链球运动员赛前快速力量训练的安排：

——深蹲：75% ×3 次 +80% ×3 次 +85% ×3 次 +90% ×3 次。

——连续快蹲：10 s ×2，强度为 40%；
10 s ×2，强度为 20%。

——连续蹲跳：10 s ×2。

——卧推：80% ×3 次 +85% ×3 次 +90% ×3 次 +95% ×3 次。

——连续快推：10 s ×2，强度为 40%；
10 s ×2，强度为 20%。

——胸前连续快速传接实心球 10 s ×2。

该方法使最大力量训练、中低强度快速训练和爆发性用力练习相结合，闭合式和开放式练习相结合，有效地提高了运动员的快速力量。

（七） 循环力量训练法

循环力量训练法是按照不同的训练目标，将发展不同肌肉的练习按一定的顺序排列，运动员依次完成各个练习，并循环安排的力量训练方法。该方法能够有效地发展力量耐力，适宜于初学者。

练习内容根据训练目标，一般介于 6 ~ 12 个练习之间。循环的遍数根据专项比赛持续时间的长短，一组练习负荷的大小，可分别选做 3 ~ 10 组。

例如，手握轻杠铃片（哑铃）做双臂前后绕环、摆臂 + 肋木举腿 + 连续跳绳 + 手扶肋木腰弓起 + 连续快速摆髋 + 快速轻杠铃卧推 + 连续快速半蹲起 + 向前跨步跳。这样做可使上下肢、前后肌群、大小肌群的用力搭配在一起，一次课做 3 ~ 5 组，组与组之间可以慢跑作为间歇。

（八） 静力训练法

静力训练法对提高运动员的最大力量有较好的作用。

负荷强度：用静力练习法发展最大力量，负荷强度可略大一些。练习的持续时间：与负荷强度有关。负荷强度为60% ~70%时，持续时间可为6 s~10 s；负荷强度为80% ~90%时，持续时间可为4 s~6 s；负荷强度为95%以上时，持续时间可为2 s~3 s。

练习组数：不宜太多。

间歇时间：相对长一些，以利于运动员的恢复。

运用静力训练法应注意：持续时间要适当，不可过短或过长；如果使用不当，会导致肌肉协调能力下降，并对技术训练造成不利的影响；将静力与动力练习结合起来训练；练习后的放松练习；在练习前提醒运动员做深呼吸，用力不可过猛，否则会出现一些生理性反应。

（九） 等动力量训练法

等动力量训练法是指在动作速度基本不变的情况下，肌肉始终能发挥出较大力量的训练方法。该方法的优点是肌肉长度和张力都有变化，使运动员肌肉在各个关节角度上的力量都能得到提高。需要配备相应的练习器。

训练方法除了在专门的等动力量练习器上进行，其他要点和固定强度训练法相似。该方法还可以从低负荷强度逐渐递增，或从最大强度逐渐递减。

（十） 电刺激训练法

电刺激训练法是以脉冲电流代替大脑发出的中枢神经冲动，使肌肉收缩，借以提高肌肉力量的训练方法。其训练目的是在不增加肌肉体积的情况下，提高肌肉力量，亦可用于可加强薄弱环节肌群的力量。

训练时利用脉冲电流仪，通过两个趋肤电极传输到肌肉，使肌肉产生收缩，此为间接刺激法。若两电极固定于肌肉末端，则为直接刺激法。采用中频电流可达到刺激深、肌肉收缩最佳的目的。刺激时间为10 s，间歇时间为50 s，反复作10次为一个训练单元，每周安排2 ~3 次。

二、力量训练的基本手段

力量训练的具体手段非常丰富，可以归纳为以下几种类型。

（一） 抗阻练习

抗阻练习主要是肌肉对抗外界负荷，通过一定的强度和练习的重复次数刺激机体发展力量，可作用于机体任何一个部位的肌肉群。抗阻练习的方式多种多样，负荷的重量及练习的重复次数可随时调整，是身体素质练习中常用的一种手段。抗阻练习包括杠铃、壶铃、哑铃和力量训练组合器械等。此外，利用特制的力量练习器使练习者在特定的姿势（坐、卧、站）进行练习，产生独特的训练效果。例如，利用轮胎进行抬起或掀翻动作、推举装入液体的密封容器、卧推带有铁链的杠铃等。

（二） 对抗性练习

对抗性练习要求双方力量相当，依靠对方不同肌肉群的互相对抗，以短暂的静力性等长收缩来发展力量。如双人顶、双人推、拉等。对抗性练习几乎不需要任何器械及设备，也容易提高练习者的兴趣。

（三） 克服弹性物体阻力的练习

该手段主要是依靠弹性物体变形产生弹力，肌肉克服弹力而发展力量。如弹簧拉力器、橡皮带、弹力带和阻力带等。

（四） 利用外部环境阻力的练习

不同环境下运动，将对肌肉用力产生影响。沙地、深雪地、草地、水中与田径场相比具有自身的特征。如在沙滩上进行跑、跳对于运动员伸肌肌群产生较大作用。

（五） 克服自身体重的练习

这种练习主要是由人体四肢的远端支撑完成的练习，迫使机体的局部部位来承受体重，促使该局部部位的力量得到发展。如引体向上、倒立推进、俯卧撑及纵跳等。

（六） 电刺激

用电刺激发展力量能力，将电极置于肌肉的起止端，电流是以人体不感痛苦为宜。经刺激后，肌肉体积没有明显增大，脂肪减少，力量得到提高。

（七） 振动训练器

震动训练器是一项新兴的运动训练器材，它能够给予运动员垂直的动力，提供不稳定的环境以及利用肌梭的反射刺激，增进血液循环，并达到增加肌肉力量及平衡稳定能力的效果。震动训练器有多种不同功能的类型。

思考题

1. 什么是力量？力量的基本分类有哪些？
2. 简述影响力量发展的神经肌肉因素。
3. 论述力量训练中容易出现的基本问题。
4. 什么是最大力量？简述最大力量在不同项目中的重要性。
5. 简述抗阻练习中呼吸的技巧及优缺点。
6. 简述不同负荷强度的训练刺激对肌肉适应的影响。
7. 什么是相对力量？相对力量的训练学意义？
8. 简述相对力量训练方法设计的基本要点。
9. 什么是快速力量？
10. 简述传统快速力量训练和现代快速力量训练的异同。
11. 简述窄金字塔力量训练和常规金字塔力量训练的异同。
12. 简述超等长运动的生理学机制。
13. 简述超等长练习的方法设计要点。
14. 简述超等长练习需注意的问题。
15. 抗阻训练中，哪些练习需要监护？
16. 简述举重腰带的运用及优缺点。

第三章　速度训练

第一节　速度概述及反应速度、动作速度训练

一、速度概述

（一） 速度的定义

速度是指人体快速运动的能力。竞技运动中，速度主要体现在人体快速完成动作的能力，对外界信号刺激快速反应的能力，以及快速位移的能力。速度是决定运动成绩的重要因素，某些项目的成绩受到速度的直接影响，如 100 m、短距离游泳、场地自行车、速度滑冰等，以运动员快速运动能力决定胜负；某些项目虽不是比速度，但是速度对运动成绩具有重要影响，如跳远、拳击、击剑、足球等。

（二） 速度的分类

速度包括：反应速度、动作速度和移动速度。

反应速度是指人体对各种信号刺激（声、光、触等）快速应答的能力。由于运动员对不同类型的信号的反应时是不同的，训练中往往根据不同项目的特点测定运动员对特定信号的反应时。如短跑、游泳等周期性竞速项目，运动员主要接受听觉信号，而乒乓球运动员则主要接受视觉信号做出技战术反应。

动作速度是指人体或人体某一部分快速完成某一个动作的能力。动作速度是技术动作不可缺少的要素，表现为人体完成某一技术动作时的挥摆速度、击打速度、蹬伸速度、踢踹速度等，此外还包含在连续完成单个动作时在单位时间里重复次数的多少（即动作频

率）。

移动速度是指人体在特定方向上位移的速度。移动速度能力概括为机体的速度提高率、最大速度和保持最大速度的能力。有一种观点是速度是爆发力在特定动作中的体现。这说明速度和力量有着非常密切的联系。另外，根据动力学公式 $F = m \times a$ 可以看出，速度提高率受到体重和力量的影响。

这三种速度类型在运动实践中既有区别又有联系，移动速度是由各单个动作速度（如途中跑的后蹬速度、前摆腿动作速度、摆臂速度等）组成；反应速度中的运动时，实际上是反应动作过程中的第一个运动速度；而反应速度往往是移动速度的开始（如起跑）。但它们又不能划等号。反应速度好的，动作速度和移动速度不一定好，而动作速度和移动速度好的，反应速度又不一定快。如在 1980 年莫斯科奥运会上 100 m 决赛中，金牌获得者是英国运动员艾伦・威尔斯，100 m 的成绩为 10. 25 s，但他的起跑速度为 0. 193 s，是八名决赛运动员中最慢的一个，而第八名的潘卓（法），起跑速度高达 0. 130 s，是八名运动员中最好的一个。

二、反应速度训练【自学内容】

（一） 反应速度的影响因素

反应速度主要取决于人的感受器（视觉、听觉）和其他分析器的特征以及中枢神经系统与神经肌肉之间的协调关系。反应速度受遗传因素的影响较大，很难通过训练得到大幅度提高。例如，没有从事专门训练的人的反应时间通常在 0. 2 s ~ 0. 3 s 之间波动，而一名训练有素的运动员也只能是在 0. 1 s ~ 0. 2 s 内浮动。因此，在训练过程中，反应时间提高的幅度通常不可能超过 0. 1 s。

1. 反应时

“反应时”是指从给予运动员信号刺激到开始产生动作为止的时间，由感觉时（接受刺激）、决定时（思维时）组成，是人的大脑皮层中枢神经系统的反应能力，也称“潜伏期”。反应时是反映反应应答能力的主要指标。该能力受遗传因素的影响较大，因此很难得到大幅度的提高。

2. 准备动作及动作的熟练程度

准备动作是采取行动的预备状态，良好的准备动作可以提高反应速度。例如，起动训练就是让运动员有一个较为合理的准备动作，为接下来的行动奠定基础。应答动作是否熟练也影响着动作速度。例如，刺激信号一出现，就会立刻做出相应的反应动作。

3. 接受刺激的感受器的不同数量

信号刺激程度受到接受刺激的感受器数量影响。信号刺激的强度和广度都会对机体快速反应产生影响。例如，视觉和触觉信息的刺激可以促使篮球运动员在篮下做出更快的反应。

4. 年　龄

年龄也是影响反应速度的因素之一。例如，反应速度在 10～17 岁达最佳水平的 88%，19～20 岁达最高水平，30～49 岁仍能保持 97% 的水平。

另外，不同的信号刺激、不同机能状况等因素都会影响运动员反应速度的表现程度。

（二） 反应速度训练方法

1. 信号刺激法

利用突然发出的信号提高运动员对信号的反应能力。该方法要求运动员能对各种信号迅速做出反应运动，如通过教练员的口令、鸣哨和鸣枪等信号，提高起跑、入水和起划的能力。刺激信号一般包括以下四种类型：

第一，固定讯号源单一信号练习。如发令起跑 10 m～30 m×6～10 次，发令入水 5 m～10 m×6～10 次，发令起滑 40 m～100 m×6～10 次；乒乓球、羽毛球、排球等单一技术的多球训练；足球固定套路进攻，训练中防守者见到进攻者起动亦立即起动等。

第二，固定信号源多元信号训练：采用突然变化的应答性动作进行训练。如让运动员根据突然变化的口令或信号改变动作的方式，或运用带有突然性的信号或口令的球类游戏或其他游戏，都具有提高反应速度的作用。

第三，固定信号源选择信号的练习。如乒乓球多球训练中，教练员打过来转或不转的球，运动员做出瞬间反应，并打出相应的回球。

第四，移动信号源单一信号的练习。如持球篮球运动员听到不同部位传来要球的信号，立即将球传给同伴；拳击选手在神经反射练习板前见到任何方位出现信号时，立即用手触摸。

第五，移动信号源选择信号练习。如利用神经反射练习板，从不同方位发出不同的信号，运动员迅速做出选择性回应。

2. 运动感觉法

通过提高运动员本体感受及对时间空间的感知能力，来提高反应能力的方法。该方法适合于中长跑、游泳等项目。运用运动感觉反应练习的具体步骤一般分为三步：第一步，对信号快速做出应答后，由教练员告知反应时间；第二步，对信号快速做出应答后，教练员要求运动员自己报告估计的时间，然后教练员再告诉准确时间，让运动员核对；第三步，要求运动员按事先确定的时间完成动作。这种练习可以提高运动员对时间判断的能力，促进反应速度的提高。

3. 移动目标的练习

对移动目标（如球、对手或教练员）的变化做出反应的练习方法。适合于击剑、乒乓、排球、羽毛球等项目的反应速度训练。具体步骤一般分为四步：第一步，看和听移动目标的信号；第二步，判断移动目标运动的方向和速度；第三步，确定对移动目标信号做出反应的应答方案；第四步，做出应答反应动作。其中判断目标的移动方位、速度的快慢和准确性会直接影响所选择应答方案的正误，因此，这一步是该训练方法的重点。训练中还可逐渐提高难度，如做第二步时，可缩短与目标的距离或提高目标移动的速度。

4. 选择性信号反应练习

运动员通过对几种复合信号做出选择性判断，只对其中一种信号做出应答反应来提高反应速度的训练方法。该方法主要是提高运动员对运动中出现的复合信号（如对对手的真假动作中的真动作）迅速做出判断反应的能力。练习时，随着信号复杂程度的变化，让运动员做出相反的应答动作，是一种重要的练习内容。如教练员喊下蹲同时做下蹲动作，运动员站立不动；教练员喊向左转，运动员则向右转；或教练员喊一、二、三、四中某一个数字时，运动员应及时做出相应（事先规定）的动作等。

（三）反应速度训练需注意的问题

1. 反应速度由神经反射通路的传导速度所决定，基本属于纯生理过程，不受其他因素影响。纯生理过程的提高是相当困难的，很大程度上取决于遗传因素，通过训练可使运动员潜在的反应速度能力表现出来，稳定下来。

2. 要求运动员注意力集中。在训练中运动员注意力集中与不集中大不一样，运动员注意力集中，可使神经系统处于适宜的兴奋状态，使肌肉处于紧张待发状态，此时，肌肉的反应速度由处于松弛状态时可提高60%左右。当然，这种紧张待发状态必须有时间的限制，一般地说，适宜时间为1 s~5 s左右，最多不能超过8 s。把注意力集中在完成的动作上效果为好，可缩短潜伏时间（表3－1）。因此，短跑运动员在“预备”起跑时，要紧紧地压住起跑器，把思想集中于准备迅速迈出第一步。

表3－1 注意类型潜伏期

类型	注意分配	潜伏期（毫秒）
感觉型	注意力集中在出发信号上	160~175
运动型	注意力集中在完成的动作上	100~125
中间型	注意力集中在信号和动作上	140~150

3. 反应速度的提高在很大程度上取决于运动员对信号回答反应的动作熟练程度上。在进行反应速度的训练时，还要经常改变刺激因素的强弱和信号出发的时间。

4. 儿童反应速度生理特征：6~12岁反应速度提高幅度较大，9~12岁阶段提高的更为显著，12岁以后，由于进入发育阶段，反应速度增长的速度减慢，到16岁时，由于内分泌系统等机能产生了质的飞跃，反应速度提高又出现高峰，到20岁以后的提高速度将会慢下来。一般反应速度2~3岁为0.5 s~0.9 s；5~7岁为0.30 s~0.40 s；12~14岁为0.15 s~0.20 s。

三、动作速度训练【自学内容】

（一）动作速度的影响因素

运动员机体任何部位动作速度的快慢，主要取决于中枢神经系统的功能、引起该部位运动的肌肉力量大小，以及技术动作的合理性。

1. 技术动作

动作速度快慢受中枢神经系统兴奋与抑制的转换速度和神经－肌肉协调性的影响。合理的技术反映的生理机制就是大脑皮层神经兴奋与抑制转换以及神经肌肉协调性的好坏。因此，提高动作质量是动作速度训练的重要内容。

2. 快速力量

动作的完成最终依靠机体肌肉收缩做功完成。技术动作所涉及的肌肉快速收缩能力是快速完成动作的重要因素。

3. 柔韧性

柔韧性并不直接影响动作速度，但是它在一定程度上影响着动作的幅度和肌肉收缩，因此，它主要通过对技术动作质量和肌肉快速用力的影响，制约动作速度的快慢。

（二）提高动作速度常用的方法

提高动作速度的方法中主要包括提高技术的训练方法，如完整法、分解法、表象法、想象法（参看技术训练部分）；另外还包括提高力量及柔韧性的方法（参看力量训练及柔韧训练部分）。在此对以上方法不作具体介绍。

1. 助力或减阻练习法

训练中给予运动员以助力，帮助其快速完成练习动作的训练方法。具体手段，如体操选手在教练员帮助下做快速的摆腿练习；铅球教练员在运动员最后用力的瞬间，在其投掷臂肩后巧妙地给予助力等。另外，训练中减轻外界阻力（负重重量）的训练方法。具体手段，如投掷运动员用轻器械投掷，以体会更快的动作速度的感觉。

2. 预先加难练习法

加大难度、加大阻力进行练习后，突然将阻力取消，或将难度恢复到正常水平，利用前面的练习对神经系统及运动系统较高要求，在短时间内的后续作用（痕迹作用），来有效提高动作速度。具体手段，如跳高选手腿缚沙袋做摆腿练习，除去沙袋后接着再做若干次，以提高起跳瞬间摆动腿的速度。

3. 变换训练法

缩小完成练习的空间、时间界限（如球类小场地快速完成练习）的练习法。快速动作的完成与持续练习的时间长短、完成动作活动的空间大小有关。因此，通过小场地的练习，可以限制活动的时间和范围，技术动作出现频繁，从而能够提高运动员完成动作的速度。例如，5 人制的室内足球比赛、3 人制的篮球赛等。

4. 速度控制训练法

通过主动地对动作速度的有效控制练习来提高运动员的动作速度的感知能力，进而提高运动员的动作速度。例如，在技能类表现难美性项群的练习中，单个或几个最高速度的动作与整套动作之间适合速度比例的训练，要求既要发挥某个或某几个动作的最高速度，又要重视动作与整体的速度配合节奏。再如，武术运动员运用比正式动作速度慢的速度进行练习，从中体会在肌肉放松的情况下的用力大小、方向、节奏等，然后最大速度完成动作，这样往往能起到很好的训练效果。

5. 信号刺激法

借助信号刺激提高动作速度的方法。如利用同步声音的伴奏，使运动员伴随着声音信号的快节奏而做出协调一致的快速动作。

（三） 动作速度训练需注意的问题

1. 重视建立正确的技术动作

提高动作速度应与掌握和保持正确的技术动作紧密地结合在一起。合理的、正确的运动技术必须符合项目运动规律的要求，有利于运动员的生理、心理能力得到充分的发挥，有助于运动员取得良好的竞技效果。完成技术动作时能否发挥出较高的动作速度受技术动作质量的直接影响。如果技术动作不合理，中枢神经系统对肌肉系统中主动肌、协同肌、对抗肌的支配不协调，从而影响动作速度的发挥，最终影响运动成绩的提高。

2. 动作速度训练与专项动作相一致

动作速度具有明显的专项性。不同运动项目对动作速度的要求是不同的，运动员通过这些专门性练习所获得的动作速度能力对提高运动成绩具有直接作用。如在短距离跑训练中所采用的专门性练习，小步跑、高抬腿跑等，游泳运动员专门转身等练习时，都应对动作提出严格的要求。如果动作速度训练的动作与专项动作不一致，那么提高的动作速度的与成绩的相关性降低。

3. 变换练习的速度的合理性

在使用反复做某一个规定动作（如两腿快速交替练习）为手段训练时，应合理地变换练习的速度。

4. 动作速度训练中，注意控制好各训练要素

动作速度训练强度较大，要求运动员的兴奋性要高，一般持续时间不应超过 20 s。重复的组数以不降低动作速度为原则。

5. 练习前充分做好准备活动

动作速度训练强调训练的质量、强度要求一般较高，以获得较高的动作速度，这就要求运动员保持一定的神经兴奋性，否则会影响完成动作的速度，甚至会出现运动损伤。

6. 儿童动作速度训练

儿童动作速度生理特征：从肘关节的最高动作频率看，4～17岁从3.3次/10 s提高到3.7次/10 s，7～17岁步频自然增长。4～5岁的孩子动作角速度可以达到26.1度/秒～37.1度/秒。以后随着年龄的增长动作角速度也随之提高，13～14岁时动作角速度可能达到42.0度/秒～86.1度/秒，基本接近成年人的水平。

儿童动作速度训练注重肌肉的用力顺序。儿童动作速度训练主要集中在技术的合理性及肌肉的合理用力顺序上，通过重复训练方法，提高技术的熟练程度和合理的用力顺序。另外，注意运动器官联结装置附近的肌肉力量的发展。如关节、脊柱及一些小肌肉群的力量，以便为今后的发展打下良好的基础。如少儿乒乓球运动员在发展肌肉力量时非常注意发展前臂的小肌肉群的力量与速度控制能力，尤其是对指关节与腕关节的力量训练。

第二节　移动速度训练

在众多的运动项目中，运动员在静止或者相对移动的状态下起动时，总是试图尽可能快地达到最高速度，这就要求运动员具有较强的加速能力。最大速度是指运动员不能再作加速运动的那个速度点，并且达到个人运动的最高值。在这个速度点上，运动员试图保持速度尽可能长的时间，同时克服疲劳、摩擦和空气阻力等致使速度下降的因素，把速度下降的可能性降到最低。因此，速度训练主要包括加速能力、最大速度和速度耐力三大部分。

一、移动速度的影响因素

移动速度主要取决于动作频率，即单位时间内完成的动作周期数和每一个动作周期在特定运动方向上的位移幅度。这两个因素的改善以及它们之间的合理组合是提高移动速度的关键。但是在实际运动中，运动员的起动能力是不容忽略的因素。良好的起跑姿势（站立式、转身式和行进间起跑）有助于提高速度。

（一）形态学因素

体型的影响变量如身高、体重、四肢的长度都对移动速度产生一定的影响。从几何学的角度看，优秀运动员来自不同的体型，身材矮小的运动员相对于高大运动员虽然步长短，但他们具有较快的步频。现在的奥林匹克短跑运动员在体重和身高方面稍微高于20世纪30～50年代的运动员。由于运动员个体的差异，对于短跑运动员没有一个绝对完美的体型，但是，相对某运动专项而言，运动员个体形态是不容忽视的要素。

（二）生理学因素

遗传因素，如快慢肌纤维的比例，体脂百分比等生理学因素影响着加速能力和最大速度。

1. 肌纤维类型

肌纤维类型的生理学特征在力量训练部分已经阐述。在此仅对肌纤维类型对速度的影响进行分析。肌肉中含有较高的快肌纤维比例将产生快速、较高功率的收缩。含有较高的快肌纤维比例的个体相对较高的慢肌纤维比例而言，从事短跑运动更具有较高的速度潜力。慢肌纤维较高的个体更适合于从事越野跑、马拉松和其他有氧需求较高的运动。对于男性和女性而言，肌纤维百分比是相似的。尽管慢肌纤维能够转换为快肌纤维的理论有争议，但是，新证据显示，持续的高强度训练可以实现这种转换，并提高快肌纤维相对于慢肌纤维的比例。合理的高强度训练能够募集并改善快肌纤维，有利于加速能力和速度的提高。

表 3－2 对比了对速度型和耐力型运动员快肌纤维和慢肌纤维的含量。保持姿势的肌肉，如比目鱼肌主要是慢肌纤维组成，而动力肌肉，如股四头肌则由快肌和慢肌两种肌纤维构成，这即适宜于低功率输出的慢跑运动，又能满足较高功率输出的短跑运动。

表 3－2　快肌纤维在速度和耐力项目中的百分比（%）

运动类型	男性	女性
速度型运动		
短跑（100～200 m）	48～80	42～75
冰球运动员	44～62	—
铅球、铁饼运动员	50～88	45～52
耐力型运动		
越野跑	25～45	25～50
自行车运动员	25～50	35～65
800 m 跑	40～64	25～55
未经训练者	25～62	25～72

2. 体脂百分比

体脂百分比在一定程度反映运动员的健康水平和运动水平。从事不同项目运动员的体脂百分比存在一定的差异。例如，男性在 6%～10%，女性在 12%～17% 体重范围内，从事短跑运动比较理想。较低的体脂百分比将对健康产生消极影响，无论男性还是女性，即使是运动员也不例外。相反，运动员过多的脂肪将对加速能力和速度产生负面影响。

（三）技术与协调性

没有两名运动员具有同样的跑步技术，但是，合理的跑步技术是相似的。纠正手臂动作、身体倾斜度、脚掌的落地、步长过大或过小、紧张状态的错误可以提高加速能力和速度。

协调性是影响短跑成绩的重要因素之一。提高速度，个体必须协调四肢的动作和肌肉合理用力。任何不正确或效率低的肢体动作都将不利于速度的提高。协调性训练促进运动员身体动作协调（按合理而适当的顺序运用肌肉）、提高用力效率显得非常重要。例如，高抬腿跑、后踢腿跑等短跑练习有助于提高身体的协调性。

（四）力　量

力量有助于提高步长、步频，同时也影响其他的训练参数。运动员如果没有足够的力量，虽然协调性好，仍不可能成为优秀的短跑运动员。例如，起跑时快速力量差，很难获得较大的加速度。另外，机体移动做功是和肌肉力量分不开的，如在 400 m 的冲刺阶段没有足够的力量，抬腿不充分，很难保持较高的速度。

为提高速度进行力量训练是必须的。力量训练常常分为一般力量训练和专项力量训练。一般力量训练是为专项力量训练打基础，提高基础力量和肌肉平衡（一般力量训练参见力量训练）。专项力量训练的目标是提高最适合专项运动需要的力量。100 m 短跑运动员的力量训练将不同于 400 m 短跑运动员的力量训练。专项力量练习同短跑动作密切相关，并直接有助于运动员技术的提高。常用练习手段包括：阻力带、高抬腿跑、跨步跳、上坡跑等来进行抗阻力量练习。弹跳练习和冲刺练习可以帮助运动员建立正确的神经肌肉运动形式以提高步频、步长并减少机体运动时能量的浪费。弹跳练习的设计主要是提高运动员起动和加速所必须的腿部快速力量。冲刺练习的设计主要是提高形成最大冲刺速度的技术、力量和功率。

（五）柔韧性

柔韧性也是影响短跑成绩的重要因素。柔韧性不好就将限制运动员的步长。没有良好的柔韧性，即使一名力量大、协调性好的运动员，其短跑成绩也不会达到最佳。大幅度完成跑动动作的能力是提高短跑速度所必需的。在短跑运动中，应特别注意跟腱、腓肠肌、腘绳肌群、髋屈肌群、髋伸肌群、双肩和躯干部位的柔韧性。

（六）速度耐力

速度耐力是指加速到最大速度后的保持或运动员重复较短距离的冲刺能力。速度耐力在快速跑的前半程不对步频和步长产生影响，但是，它将决定运动员后半程速度减慢的量。即使在 100 m 比赛中，短跑运动员在冲刺阶段的速度都会下降。很多人常说卡尔·刘易斯是 100 m 冲刺最快的人，但事实上他是速度减慢最少的人。速度耐力较低的运动员，由于疲劳的原因，造成在连续的比赛中不能同第一次跑一样拥有高水平的加速和冲刺。

二、发展移动速度的基本途径

移动速度受到动作频率、动作幅度、加速能力、技术和速度耐力等因素的影响，因

此，提高以上因素是发展移动速度的基本途径。（表3－3）

表3－3 提高加速能力和速度的基本训练表

种类	专门训练计划
加速能力	专项的起动训练 超等长力量训练 抗阻力量训练 冲刺训练 助力速度训练 阻力速度训练
步长	抗阻力量训练 超等长训练 冲刺练习 助力速度训练 阻力速度训练 技术训练 柔韧练习
步频	助力速度训练 肌肉平衡训练 放松能力训练
技术和速度耐力	技术训练 速度耐力训练 冲刺训练 一般耐力训练

三、移动速度的训练方法

本部分主要介绍步频、步幅、起动能力、速度耐力等常用速度训练方法。技术训练、最大力量训练、超等长力量训练、肌肉平衡训练、柔韧性训练等训练方法参见相应章节。

（一）起动能力训练

起动能力训练的目的是为运动员提供最大的加速能力。起动训练包括各种姿势下的起跑练习、负重短距离加速练习和短跑辅助技术练习。以下是一些常用的起动能力训练方法。

1. 俯撑起跑（图3－1）

该练习主要用来发展运动员加速时保持身体前倾的能力。该练习采用的距离较短，一般安排5 m～30 m。具体练习，如图3－1所示。

图3－1　俯撑起跑

2. 前倒起跑（图3－2）

该练习主要用来发展加速技术，特别是身体的前倾能力。运动直立目视前方，整个身体前倾，到不能控制的最后时刻向前加速，冲过特定的距离，如10 m。

图3－2　前倒起跑

3. 推实心球＋冲刺（图3－3）

该练习主要用来发展加速最开始阶段的爆发式用力。练习者胸前持球成半蹲姿势，迅速伸展髋、膝、踝，将实心球朝正前方爆发式的推出尽可能远的距离。一旦将球抛出，运动员便开始迅速加速10 m～20 m。

图3－3　推实心球＋冲刺

（二）助力速度训练也称超最大速度训练

助力速度训练是指利用器材或场地的情况，进行超最大速度的练习，有利于突破已有的速度上限。如短跑的下坡跑，自行车的摩托车牵引等练习。在助力速度跑中，步频加快，收缩肌肉的肌电加强，蹬地反作用力加大，肌肉紧张度加大，肌肉内储存的弹性能增加，而且肌肉收缩的效率以及跑的技术都得到改善。

介绍两种基本的助力速度训练方法，分别是下坡跑、助力牵引跑。

1. 下坡跑

场地要求：理想的下坡跑场地是20 m平坦的地面冲刺（加速获得接近最大的速度），接着15 m倾斜角度在3°～7°的下坡冲刺（产生比正常条件下更大的步长、步频和速度），最后接15 m的平地冲刺（使运动员在没有助力的情况下，保持较高的速度）。倾斜角度大于7°将产生负面影响，如落地的危险、步长过长、脚跟着地、地面接触点超过身体重心，这将起到制动作用。制动作用和技术的变形在倾斜角度低于3°～4°时也应该充分注意。

技术要求：强调技术的合理性，避免下坡跑而造成技术的变形。

训练强度：开始进行训练时，可以用较低速度进行适应。适应后，必须全力跑。

训练量：训练重复次数和跑动距离随着训练的进行逐步加大。

下坡跑助力训练计划，如表 3 -4 所示。

表 3 -4　下坡跑助力训练计划

星期	重复次数	加速距离	助力距离	进级	休息时间
1	2 ~3	10 ~15 码 1.5 ~2 s	20 ~25 码 1 ~1.5 s	每次增加一次重复次数	2 s
2	4 ~6	15 ~20 码 2 ~2.5 s	20 ~25 码 1.5 ~2 s	每次增加一次重复次数	2.5 s
3	7 ~9	20 ~25 码 2.5 ~3 s	20 ~25 码 1.5 ~2 s	每次增加一次重复次数	3 s
4	9 ~10	20 ~25 码 2.5 ~3 s	20 ~25 码 1.5 ~2.5 s	每次增加一次重复次数	3.5 s
5	9 ~10	20 ~25 码 2.5 ~3 s	20 ~25 码 1.5 ~2.5 s	每次增加一次重复次数	3.5 s

2. 助力牵引

助力牵引使运动员获得较快的速度不算是新方法。在阻力带和滑轮装置应用前，汽车、摩托车已经在应用。有研究认为，与下坡跑相比，助力牵引比下坡跑产生更快的步频和更大的步长。

助力牵引要求 20 英尺 ~25 英尺弹力带系到运动员的腰部。另一边系到同伴或固定物上，如树、门柱。运动员后退将弹力带拉长，产生弹力，在熟练调整和能够掌握平衡后才能进行高速练习。适应后，运动员必须全力完成牵引跑练习，并增加牵引距离和重复次数。(表 3 -5)

表 3 -5　采用弹力管助力速度训练

星期	重复次数	距离（码）	休息时间（min）	进级
1	3 ~5	10 ~15	2	3/4 速度适应
2	3 ~5	10 ~15	2	最大速度
3	5 ~7	15 ~20	3	最大速度
4	7 ~9	20 ~25	3	最大速度
5	7 ~9	20 ~25	3	最大速度
6 ~9	7 ~9	25 ~30	3 ~5	穿负重背心最大速度

助力牵引时应注意跑动技术的合理性，避免技术变形。练习尽量在松软的草地进行，并且要检查有没有草皮脱落和其他物品。另外，牵引跑必须全力跑，否则达不到理想的超最大速度训练的效果。

（三） 阻力速度训练

阻力速度训练是通过加大跑动的阻力以提高下肢力量的训练形式。它包括上坡跑、拖重物跑（轮胎、降落伞）、沙地跑、水中跑等方法。

为了使加速跑阶段和高速跑阶段的水平速度达到最大限度，阻力训练的目标必须放在加大伸髋肌群的力量上面。阻力训练的另一个目标是减小脚每次着地时身体重心下降的幅度。短跑中脚着地阶段，身体重心不应下降过多。下肢各关节伸肌的力量越大，支撑阶段中身体重心下降的幅度越小。下肢关节的弯曲度越小，引起的伸肌伸张反射越强烈，从而使每一步后蹬阶段的力量越大。

1. 上坡跑

强度：高。

坡度：3°～7°。

要求：跑动时保持正确的身体姿势和技术动作；跑动距离 10 m～50 m；练习速度不要低于最大跑速的 90%。

运动员在上坡跑时要努力加大步长，所以加大了伸髋肌承受的负荷，因此，当运动员在平地跑时，伸髋肌的能力得到增强。另外，运动员在进行上坡跑时强调快速蹬地动作以克服上坡阻力，将有助于缩短蹬地时间。用大于 7% 的斜坡进行上坡跑训练，对于发展伸髋肌的力量是有益的，但在发展短跑项目的专项技术方面则效果差一些。

2. 拖重物跑（降落伞、滑橇、轮胎）

拖雪橇、轮胎、降落伞或其他重物进行快速跑是发展跑速的常用方法。其原理是增加跑动动作的阻力，要求运动员加大肌肉收缩力量，特别是髋、膝、踝三个关节的伸肌群。

轮胎或雪橇的优点是容易变换尺寸（从而加大阻力）或者在轮胎内加入重物增加阻力；雪橇上也很容易将重物牢固地固定，使阻力加大。拖重物绳子的长度很关键，绳子长度一般不低于 10 m，因为，较短的绳子会影响被拖物平稳性，当运动员加速时使被拖物产生跳动。

降落伞的优点是容易被脱掉，使运动员在没有额外阻力的情况下完成每次跑的最后阶段，让运动员体会到加速的感觉。使用小降落伞的好处是便于携带、运输，并且可以很快地变换伞的大小。使用降落伞的一个主要弊端是在跑的过程中，降落伞不是稳定地在运动员的正后方，而是左右晃动（在有风的情况下晃动更大），这使运动员很难以非常快的速度跑，因为运动员在跑的过程中还要努力保持平衡。然而不稳定的特征对集体球类项目的运动员有一定的好处，因为运动员在快跑的同时，还要躲闪对方的球员。

3. 沙地跑和水中跑

沙地和水中两种环境对增加跑动中运动员受到的阻力是理想的，但它们都在加大步长

（伸髋肌的利用）方面的作用有限。在这两种环境中跑时受到的阻力会使屈髋肌负担加大，而不是伸髋肌。水中跑速度训练时，水不宜太深，一般不高于腰，通过屈髋时水的阻力加大屈髋肌群的力量。水中跑耐力训练一般水比较深，与陆上跑相比肌肉运动方式及运动范围相似，只是下肢伸肌动员较少，上肢肌肉动员较多，有助于保持最大摄氧量水平。沙滩跑是一种很好的注重全身动作练习方法，运动员利用下肢伸展力量的能力下降，通过缩短步长和加快屈髋速度来使步频加快，从而提高跑速。另外，沙滩跑中特别是下肢、脚、及髋关节的肌肉和关节都要求在不平稳的沙地上调整适应。这种适应提高和加强了身体稳定性对意想不到变化的控制能力。注意：速度训练计划中，不要安排过多的沙滩跑练习。

4. 负重背心跑

负重背心跑是让运动员穿上一定重量的背心，通过重量的增加提高腿部伸肌力量。穿重背心训练增加的体重使脚每次着地时产生的垂直力加大，并增加肌肉完成超等长运动时承受的负荷强度，从而提高脚着地时肌肉的紧张度。这种训练将增进肌肉承受更大离心负荷的能力，在肌肉内储存更多的弹性能量，加大肌肉收缩产生的爆发力，促使步长的增加。

负重背心一般有三种：基础力量背心重量范围是0.5 kg～10 kg，主要是发展运动员的力量耐力；速度耐力背心重量范围是0.5 kg～8 kg，主要是发展速度耐力；速度背心重量范围是0.5 kg～4 kg，主要是发展灵敏、速度和爆发力。

负重背心跑注意负重量要渐进。背心的重量根据运动员的个体特征，一般建议在1 kg～5 kg范围内。首先，负重跑不能破坏跑动技术；其次，跑动速度下降不能超过最大速度的10%，否则应降低重量。

助力、助力速度训练对教练员的提示：

① 助力速度训练必须保证运动员的跑速不能太快（阻力不能太慢），一旦运动员感觉由于速度过快（阻力太慢）而不能保持跑的正确技术，就应停止继续跑。注意每次练习的技术质量。

② 阻力速度训练应作为一个全年进行的内容，如果无助力和阻力速度训练方法结合起来进行，则会得到更大的益处。

③ 负荷安排循序渐进。与所有高强度训练方法一样，这种方法的运动量在开始时要小，循序渐进，主要的训练重点是运动员要尽最大努力去跑，并且保持好的短跑技术。

④ 在开始训练前进行充分热身。

⑤ 助力速度训练在第一次练习后将会出现1～2天的肌肉酸痛。原因主要是助力速度训练能够动员以前没有动用的肌纤维。

四、速度耐力训练

无氧代谢在任何练习的开始时都会出现。它为机体提供快速的能源渠道，直到循环系统和呼吸系统的供能系统出现调整。低于6 s的所有快速跑，几乎完全依赖磷酸原供能系统。在接下来的6 s中机体开始以糖酵解供能系统供能。简言之，高强度的练习只有相当数量的 ATP、CP 和糖原提供供能，糖原最终被分解为丙酮酸和乳酸。

速度耐力训练就是要提高这两个供能系统。快速跑一般在缺氧的情况下进行，在这种情况下，骨骼肌只能维持较短的时间。当需氧量超过机体的吸氧量时，丙酮酸将进一步参与无氧代谢最终形成乳酸。这个过程只有在缺氧的情况下发生，产生能量（ATP）实现肌肉的持续收缩。大约 8 s 最大用力的快速跑将耗尽这些快速能源物质的储备。就在这一时刻（体能较差的运动员速度下降非常快），由于乳酸的堆积运动员开始减速。提高乳酸的耐受性，增加能源物质的储备，提高快速能源物质的利用率和以下因素有关，如无氧适应能力、年龄和营养。

速度耐力训练可以预防运动员在比赛后期、长距离冲刺的后半程及较短比赛间歇的几次重复快速跑的情况下的速度下降。当中场队员被速度较慢的队员赶上，短跑运动员在后面的 10 m ~ 20 m 被对手超过，还有篮球运动中抢断上篮的运动员被防守队员把球打掉等情况下，速度耐力的好坏就非常明显了。高水平速度耐力为运动员提供在每一次短距离冲刺时保持充沛有力的起动的可能。

速度耐力训练的目的是提高适合各种项目的不同竞技需要的耐力。例如，所有的短跑项目都需要某种程度和形式的耐力，而对每种短跑距离而言，所需耐力的程度和形式都会有所变化。短跑运动员需要良好的非乳酸无氧耐力。改善这种耐力的例子或方法有：（1）以 90% 的强度进行 4 ~ 8 次 80 m ~ 150 m 跑，每次休息 1min ~ 5min；（2）以 90% ~ 95% 的强度进行 50 m ~ 80 m 跑，每组 3 ~ 5 次，每次休息 2min ~ 4min，进行 3 ~ 4 组。跑长距离（即 400 m）短跑的运动员需要良好的乳酸无氧耐力。改善这种耐力的方法包括：（1）以 90% 的强度进行 1 ~ 3 次 150 m ~ 500 m 跑，每次休息 15min ~ 30min；（2）以 80% ~ 85% 的强度进行 100 m ~ 600 m 跑，重复 6 ~ 12 次，每次休息 3min ~ 6min。

速度耐力训练包含在某一运动中冲刺距离、间歇时间两个基本运动表现。重复的次数和组数模仿运动中竞赛的情况。一个足球、曲棍球、橄榄球的典型的训练计划涉及跑动距离逐渐的从 10 码增加到 50 码，重复次数从 5 次增加到 15 次，慢跑恢复和休息的间歇时间从 20 s 降低到 5 s。

例如，耐力金字塔训练法。

- 量出 50 m 的距离，在起点摆放一个标志物，间隔 10 m 依次摆放 5 个标志物。
- 运动员从起点开始疾速跑 10 m，然后步行剩余 40 m。
- 转身，快速跑 20 m，步行 30 m。
- 转身，快速跑 30 m，步行 20 m。
- 转身，快速跑 40 m，步行 10 m。
- 转身，快速跑 50 m，转身疾速跑 50 m 回到起点。
- 完成所有上述跑，算为一组。休息 90 s，再依次完成 4 组。

速度耐力训练一般不超过两次，在比赛期将减少到每周一次。因为，速度耐力训练对运动员机体有着严格的要求，运动员必须进行 20min ~ 30min 的最大强度。间歇活动方式应该是积极性休息，如步行和慢跑。

速度耐力训练和速度或冲刺训练相似，然而，这两种训练有着重要的区别。速度耐力训练的持续时间应该在30 s甚至2min～3min，速度训练一般在5 s～10 s。速度耐力训练的间歇时间一般较短，避免运动员的完全恢复。

五、跑动技术训练

跑动技术训练是速度训练不可忽视的主要部分。他是跑动的基本运动模式，这些练习直接影响跑动技术是否合理有效。

（一）坐姿摆臂练习（图3－4）

训练目的：通过避免与地面接触来强化正确的摆臂技术。

步骤方法：双腿伸直坐于地上，双臂垂于两侧并屈肘90°。前摆时手基本达到下巴高度，后摆手要到臀部以后。双臂保持屈肘90°前后摆动。

要求：随着速度的加快，臀部不要离开地面。

图3－4　坐姿摆臂练习

（二）站姿摆臂练习（图3－5）

训练目的：强化正确的摆臂技术。

步骤方法：双脚平行站立，双臂垂于两侧，屈肘90°。前摆时手基本达到下巴高度，后摆时手要摆到臀部以后。手指要放松。双臂保持屈肘90°，像一个整体一样前后摆动。

要求：在保持正确技术的基础上再加快摆臂速度。

图3－5　站姿摆臂练习

（三）弓箭步摆臂（图3－6）

训练目的：强化正确的摆臂技术。

步骤方法：弓箭步站立摆臂练习，其他要求同上。

图3－6 弓箭步摆臂

（四）A迈步（图3－7）

训练目的：跑动能力的最基础练习，强化正确的发力机制。

方法步骤：使用正确的摆臂动作和身体姿势向前迈步。尽量提高膝关节，大小腿尽量折叠，勾脚尖。

要求：保持正确的身体姿势。

图3－7 A迈步

（五）原地高抬腿练习（图3-8）

训练目的：发展运动员腿部伸肌肌群的快速力量和蹬离地面的动作速度。
方法步骤：在正确的摆臂技术下进行快速的高抬腿练习，大腿摆到与地面平行姿势。
要求：用脚蹬离地面并迅速抬起，尽量减少脚与地面的接触。

图3-8 原地高抬腿练习

（六）直腿跑（图3-9）

训练目的：提高伸髋肌群的快速用力能力以及踝关节的弹性。
方法步骤：腿部基本伸直，勾脚尖，快速用力交替后摆。
要求：臀部发力，前脚掌与地面快速接触。

图3-9 直腿跑

（七）后踢跑（图3－10）

训练目的：提高脚的动作速度。

方法步骤：从慢跑开始，使摆动腿脚跟拍击臀部。

要求：上体保持正直，摆动腿不要后撩。可以根据运动员能力适当加快步频。

（八）后蹬跑（图3－11）

训练目的：提高腿部伸肌肌群的快速力量和蹬离地面的动作速度。

方法步骤：从慢跑开始，蹬地腿充分蹬离地面，摆动腿屈髋、屈膝各成90°，然后积极落地完成蹬地动作。

要求：协调摆臂；尽可能快。

图3－10　后踢跑

图3－11　后蹬跑

（九）跨步跳（图3－12）

训练目的：发展下肢爆发力与步长。

方法步骤：从慢跑开始，左脚向前上方蹬离地面，右膝以有力动作向前和向上摆动，在最高位置时制动，同时手臂有力的向前向后摆动，在最高位置制动，落地时右腿微屈缓冲。两腿互换，重复这一动作。

（十）对墙高抬腿（图3－13）

训练目的：训练身体前倾姿势下的下肢爆发性用力，及维持身体姿态的能力。

方法步骤：双手扶栏杆或墙面，身体前倾，快速做高抬腿练习。

要求：始终保持正确的身体姿态。

图 3－12　跨步跳

图 3－13　对墙高抬腿

六、移动速度训练的基本要求

1. 速度训练应结合运动员所从事的专项运动进行。

2. 速度训练应在运动员兴奋性高、情绪饱满、运动欲望强的情况下进行，一般应安排在训练课的前半部。

3. 速度训练手段单一，容易形成速度障碍。

产生速度障碍的客观原因是，由于技能动力定型的形成，运动员技术动作的空间、时间特征都趋于稳定；随着运动水平的提高，运动员神经过程灵活性的改进和肌肉收缩所需能量的提供会遇到更大的困难，而运动员向前移动所需克服的阻力则更大。产生速度障碍的主观原因是：过早的片面发展绝对速度；基础训练不够；技术动作不合理；训练手段单调、片面，引不起新异刺激；负荷过度、恢复不好等。出现速度障碍时，可采用牵引跑、变速跑、下坡跑、带领跑、顺风跑等手段予以克服。

4. 注意移动速度训练中的放松能力的训练。

通过注意提高肌肉的放松能力，克服肌肉的粘滞性、关节的摩擦力和对抗肌对抗力。放松能力对速度运动项目的成绩影响越来越大。（表 3－6）

表 3－6　短跑成绩与肌肉放松能力的关系

项目	60 m	100 m	200 m
成绩提高幅度	7″～6″4	10″9～10″	21″5～20″
爆发力 /%	34.13	20.59	11.33
最大肌力 /%	20.04	12.34	6.84
肌肉放松能力 /%	19.58	21.26	46.32

5. 少儿速度训练的注意事项

跑的速度（移动速度）：7～12岁男、女孩跑的最高速度的差别不大，到13岁以后，男孩子逐渐超过女孩。男子在18岁以后跑的速度也有提高的趋势，而女子17岁时跑速自然提高减慢。女孩14～16岁时由于青春期关系，速度表现很不稳定，有时还可能低于14岁以前的速度。由于移动速度具有多素质综合利用的特点，移动速度的发展与力量、耐力等其他身体素质的发展有着密切的关系，因此，对少儿进行速度训练的同时，要十分重视全面身体素质的训练。

第三节　速度评价　【自学内容】

一、反应速度的评定

人们通常通过测定反应时，即运动员对信号刺激做出反应所需的时间来评定运动员反应速度的快慢。运动员对不同种类的信号的反应时间是不同的，因此，往往根据不同项目的不同特点测定运动员对特定信号的反应速度。如短跑、游泳等竞速项目，运动员主要接受听觉信号而开始竞技，而乒乓球选手则主要接受视觉信号而做出技战术反应。

对反应时的评定，可以通过实验室的精密仪器测量加以评定，也可以用简易的方法进行测量与评定。

例如，视－手反应速度测试方法。

用尼尔森（Nelson）计算尺测试。

操作程序是让受试者坐姿，前臂放在桌面上，手伸出桌面，拇指与食指成捏拢姿势。测试者把尺子放在受试者两指之间，间距3 cm左右，与拇指上缘处于同一水平，计算尺的刻度为零，尺子的刻度朝向受试者。受试者注视前方，当尺子下落时，要求受试者用拇指和食指尽快捏住尺子。预备口令与尺子下落的时间间隔每次不应完全相同，要求在3 s内变化间隔时间，用优势手进行测试，记录尺子下落的刻度。

二、动作速度的评定

动作速度寓于某一个技术动作之中，如抓举的动作速度、跳跃起跳的动作速度、游泳转身的动作速度等，所以动作速度的测量是与技术参数测定联系在一起的，如测出手速度、起跳速度、角速度、加速度等。科技的发展为动作速度的测试提供了便利。雷达枪的发明为精确测定动作速度提供了极大的便利，如雷达枪测试网球发球速度。此外，通过连续反复多次完成同一种简单动作计时求出平均的动作速度，也可在一定程度上反映动作速度。

例如，网球发球速度测试。

设备：雷达枪，网球。

操作指南：

- 正对中心点，2.2 m 高处正确安放雷达枪。应使目标在雷达的测量范围内运动，并尽量减小偏移角度，降低余弦误差；
- 使用自己的球拍，在球场右侧离中心点 0.9 m 处发球（在球场上标记出这段距离）；
- 使用新球；
- 运动员发一个高速的平击球，准确地将球发到球场对面的中央部位；
- 运动员最多可以试发 12 个球，记录每个球在界内还是界外；

取最好的 5 个发球，计算平均速度为最后得分。

三、移动速度的评定

移动速度是以单位时间内机体移动的距离为评定指标。从运动学上讲，速度是距离（S）与通过该距离所用的时间（t）之比。在体育运动中，常常是以人体通过固定距离所用的时间来表示，如男子 100 m 跑 10 s，100 m 自由泳 50 s 等。

测定移动速度常用短距离跑（游、划、骑）。

（一） 移动速度测试

名称：120 码速度测试。

训练目的：通过 120 码冲刺跑，获取运动员的起动、加速、最大速度和速度耐力等重要信息。

操作程序：测试者分别在 40 码、80 码、120 码三个点上计时。运动员采用蹲踞式起跑姿势，听到发令枪响后全力跑完 120 码的距离。

数据分析：通过测试得到的数据包括 40 码的成绩、80 码的成绩、40 码～80 码的成绩、80 码～120 码的成绩和 40 码距离间的成绩差。0 码～40 码的成绩反映加速能力，40 码～80 码反映最大速度能力，80 码成绩和 40 码的成绩可以反映速度耐力。如果 0 码～40 码的成绩与 40 码～80 码的成绩差超过 0.7 s 反映运动员的加速能力有待提高；如果 80 码～120 码的成绩与 40 码～80 码的成绩超过 0.2 s 则反映运动员的速度耐力有待提高。

测试要求：运动员全力加速；在运动员不疲劳、神经兴奋性高的状态下测验；充分的准备活动。除了时间参数外，步数、步频和单腿蹬地时间也是重要的评价参数。

（二） 速度耐力测试

名称：40 码 10 次重复跑。

训练目的：通过 10 次短距离的冲刺跑的差异，反映运动员的速度耐力水平。

操作程序：标出 40 码的距离。运动员在起点采用站立式起跑，听到枪响后全力跑完

40 码的距离。间歇时间应该根据专项不同而确定。例如，橄榄球运动每回合的间隔在 25 s～30 s，而曲棍球每回合的间隔在 5 s～15 s 左右，因此，应该根据相应的间隔确定间歇时间。橄榄球运动员间歇为 25 s，曲棍球运动员间歇为 15 s，篮球运动员间歇为 20 s。反复进行 10 次全力跑。

数据分析：记录下 10 次全力跑的时间。如果 10 次测试中最好成绩与最差成绩的差不超过 0.3 s，反映了该运动员具有良好的速度耐力。如果差值超过 0.3 s，则反映了运动员的速度耐力水平不高，应当进行相应的速度耐力训练。

测试要求：充分的准备活动，运动员全力跑，适当的间歇时间。

思考题

1. 什么是速度？其基本分类有哪几种？
2. 简述速度的影响因素。
3. 简述提高加速能力和移动速度的基本途径。
4. 简述下坡跑助力速度训练方法的操作要点。
5. 简述牵引助力速度训练方法的操作要点。
6. 简述上坡跑阻力速度训练方法的操作要点。
7. 简述速度训练中应注意的问题。
8. 简述 120 码测试方法。
9. 简述 40 码 10 次重复跑。

第四章　耐力训练

内容提要

本章主要介绍了耐力的基本概念、分类及其主要影响因素。着重阐述了有氧耐力和无氧耐力训练方法及训练注意的问题。同时介绍了耐力的基本测试方法。

一、耐力的释义

耐力是指人在一段时间内完成一定强度工作的能力，是运动基本素质之一。在所有的体能组成因素中，耐力应该被优先发展。

二、耐力的分类

耐力可分为两个基本类型，即有氧耐力和无氧耐力。有氧耐力是指肌肉工作过程中氧供应充足、代谢底物完全氧化产生能量持续运动的能力。无氧耐力是指机体在相对缺氧状态下，长时间对肌肉收缩供能的工作能力。

三、耐力的影响因素【自学内容】

（一）有氧耐力的影响因素

1. 最大有氧能力

VO_2max 水平的高低与耐力项目的运动成绩之间密切相关，因而也被认为是反映人体有氧耐力的经典指标。它代表机体氧化能力的最高水平，不仅与心肺功能有关，而且与氧运输能力、肌肉（包括慢肌纤维、氧化型以及酵解型快肌纤维）摄取和利用氧的能力密切相关。

2. 乳酸阈

乳酸阈（Lactate Threshold，LT）指递增负荷运动过程中，乳酸水平达到一定浓度后，乳酸含量明显上升时的运动速度或 VO_2max 百分比。乳酸阈越高，则运动员在较高的 VO_2max 百分比强度下运动时，体内仍然以有氧代谢供能为主，肌肉和血液中没有乳酸的大量堆积，表明有氧工作能力较强。

3. 运动经济性

运动经济性（Exercise Economy，EE），也称跑步经济性（Running Economy，RE），主要是指在次极限负荷的特定速度下跑步，摄氧量达到稳定状态时每单位体重的耗氧量。运动经济性越好，在一定速度下的 $VO_2max\%$ 越小、乳酸值越低，有氧耐力也就越好。

4. 能量利用方式

优秀的有氧耐力运动员在规定强度运动时脂肪供能的比例较高，即脂肪的利用率较高，这可以节约糖原的消耗。而在长时间运动中，体内糖原贮备多少与运动能力密切相关。

5. 肌纤维类型

Ⅰ型肌纤维百分比与有氧耐力项目成绩高度相关。高水平耐力性运动员骨骼肌中以Ⅰ型肌纤维为主。Ⅰ型肌纤维线粒体密度和氧化酶的活性较高，单位时间内可以通过有氧代谢产生更多的能量。

6. 其他因素

运动时间长短、膳食、补液、对热和潮湿天气条件的适应程度都会影响到最终的耐力运动员决赛成绩。此外，年龄因素也非常重要。随着运动员年龄的增长，有氧耐力呈现下降趋势。

（二）无氧耐力的影响因素

1. 能源物质储备

ATP－CP 的含量水平对 10 s 以内的短时间、高强度的运动表现至关重要。而糖原含量及其糖酵解活性是糖无氧酵解能力的物质基础。因而能源物质储备对无氧耐力具有重要的影响。

2. 代谢过程的调节能力及运动后恢复过程的代谢能力

代谢过程的调节能力包括参与代谢过程的酶活性、神经与激素对代谢的调节、内环境变化时酸碱平衡的调节，以及各器官活动的协调。糖酵解代谢产生的乳酸进入血液后，对血液 PH 值产生影响。因此，血液缓冲系统对酸性代谢产物的缓冲能力，以及组织、细胞尤其是脑细胞耐受酸性代谢产物刺激的能力都会成为影响糖酵解能力的因素。

3. 氧气亏

机体在剧烈运动过程中需氧量超过摄氧量，肌肉通过无氧代谢产生能量造成体内氧的亏欠，称为氧气亏。在极限强度下持续运动 2min ~ 3min 时理论需氧量与实际耗氧量之差成为最大氧亏，这是衡量机体无氧供能能力的重要标志。

四、有氧耐力训练

只有在运动强度和运动量适宜，即在最大限度动用机体有氧代谢系统使其在最大应激状态下进行训练，才有可能有效地提高有氧运动能力。目前，常用的发展有氧耐力的训练方法主要有持续训练法和间歇训练法。

（一） 持续训练法

持续训练法（Continuous Training）通常用于提高运动员基础耐力、VO_2max 和组织呼吸能力。但其缺乏专项性，长时间以较慢的速度进行训练，不能发展比赛所需的速度和节奏能力，而且运动员可能会出现过劳性损伤。

持续训练法的主要练习手段有长时间慢速度的长距离训练、超长距离训练、法特莱克训练、无氧阈训练。

1. 长时间、慢速度的长距离训练

长时间、慢速度的长距离训练（Long Slow Distance Training，LSD）的强度约相当于 70% VO_2max（或大约 80% HRmax），训练的距离超过比赛距离，或者训练时间至少持续 30min ~ 2 h。该训练法的强度和持续时间是典型的“聊天式训练”（Conversation Exercise），运动员可以边聊天边进行训练，而没有呼吸的急促感觉。

LSD 的生理学效应在于能够提高心血管与体温调节的功能、改善线粒体产生能量与骨骼肌的氧化能力，提高脂肪供能的利用率、促进肌肉代谢特征的适应性变化，以及肌纤维比例由Ⅱ型纤维向Ⅰ型纤维的转换。这些适应性变化可能会通过提高机体清除乳酸的能力来改善乳酸阈强度。

但是，长期采用 LSD 训练法，会引起运动肌肉代谢性质的变化，以及肌纤维类型从 IIx 型向Ⅰ型的转变。此外，如果过度采用训练方法，由于强度低于比赛，LSD 训练时没有刺激到肌纤维在比赛时的神经模式，训练所产生的适应性结果无法在比赛中发挥作用。

2. 超长距离训练

超长距离训练法（Overdistance Training）其强度非常小，大约为乳酸阈的 65% ~

84%、55%~65% VO_2max，或 60%~70% HRmax。通常运用于恢复性训练。此外，该训练方法也适用于 800 m~5000 m 的中长跑运动员，通常以 2~5 倍的比赛距离进行练习。但是对马拉松运动员而言具有难度。

3. 法特莱克训练

长期以来，法特莱克训练（Fartlek Training）是耐力训练的一个主要方法，该训练组织形式比较宽松，通常是进行越野跑。运动方式在有一定强度的快跑和恢复性慢跑之间交替进行，包括多个在斜坡上的轻松跑（70% VO_2max 强度）和短时间快速冲刺（85%~90% VO_2max）。如以慢跑的方式爬小山，然后全速奔跑，慢跑减速，以比赛的速度跑几分钟等。法特莱克训练法也可用于自行车和游泳项目。

法特莱克法的训练效益在于提高 VO_2max 和乳酸阈，改善运动经济性和能量的利用率。而且它不会让运动员感到在田径场绕圈跑的枯燥无味，也可以避免在硬场地训练进行大强度训练会出现损伤的危险性。此外，越野跑时路面凹凸不平，因此能够以运动专项的方式发展跑步所需的踝关节和胫骨部位承受应力的能力。

法特莱克训练法也有一定的弊端，它难以规定训练时的具体心率和/或运动强度，组织形式过于松散，运动员是以“凭感觉和个人喜好”的方式进行训练。因此，法特莱克训练法的内容应该根据运动专项的特点进行设计。

4. 无氧阈训练

无氧阈训练通常通过测定无氧阈对应的强度，如心率、功率，以此强度的 95%~105% 进行持续训练，训练的时间为 20min~30min，重复组数视运动项目的需要，通常每周训练 2 次，每周训练负荷量的递增不超过 10%，以避免过度训练综合症的发生。

（二） 间歇训练法

虽然持续训练法能够很好地提高运动员的基础耐力，但对发展无氧代谢能力、提高 VO_2max 和比赛速度能力不具有优势。而间歇训练法（Interval Training）能够很好地解决这些问题。因此在当前，间歇训练法被认为是提高耐力水平的最好方法，即使是对于马拉松或是其他有氧代谢运动项目的运动员来说，短时间高强度的间歇训练也是提高耐力的上佳方法。

对训练有素的高水平耐力运动员，提高其训练量的方法已经不能提高其成绩，也不能得到 VO_2max、骨骼肌氧化酶的活性这些与有氧耐力密切相关的生理学参数的明显改善。只有采用高强度间歇训练（High - intensity Interval Training，HIIT）才能够继续提高训练有素的高水平耐力运动员的比赛成绩。高强度有氧训练（High Intensity Aerobic Training）对提高运动员 VO_2max 和乳酸阈的作用，显著好于中等强度和小强度的耐力训练，其主要原因可能是高强度间歇训练提高了肌肉的缓冲能力，而不是肌肉氧化酶和糖酵解酶的活性提高。

间歇训练法要求多次力竭性的运动，合理有效的间歇训练能够提高单位时间内身体的整体工作能力。以间歇训练法进行有氧耐力的训练，训练方案需要考虑的因素有：单次运动量、强度、间歇时间、重复次数和重复组数。

间歇训练法的强度接近 VO_2max，练习持续时间可短至 30 s，也可以达 3min ~ 5min。在每次练习的间歇时间内，进行轻微的活动（如走动），次数和组数取决于训练的目的和体能水平。此训练方法的效益是能够以比赛的速度进行训练，增加 VO_2max 和提高无氧代谢能力。间歇训练法要求运动员以接近 VO_2max 的强度进行训练，对运动员刺激较大，应该慎重实施。而且，这种训练方法要求运动员事先具备坚实的有氧训练基础。

1. 无氧阈强度间歇性训练

无氧阈训练也可采用间歇性训练的方法。这也需要测定无氧阈对应的强度，如心率、功率，以此强度的 95% ~ 105% 练习 10min，重复 3 ~ 5 组，组间间歇 2min ~ 3min。通常每周训练 2 次，每周训练负荷量的递增不超过 10%，以避免过度训练综合症的发生。

2. 最大有氧速度训练

以最大有氧速度（Maximal Aerobic Speed，MAS）测定结果（测试方法见“七、耐力测试方法”部分）为强度参数的间歇训练法主要有三种：最大有氧训练法（Maximal Aerobic Method，MAM）、EuroFit 训练法（EuroFit Method）和 Tabata 训练法（Tabata Method）。从系统性训练考虑，每个训练方法分为三个训练阶段，每个阶段为期 2 ~ 3 周，然后重复测定 MAS 后进入下一个训练阶段。表 4 – 1 为 MAS 训练方法的负荷结构。

表 4 – 1　MAS 训练的方法及其负荷结构

	最大有氧训练法	EuroFit 训练法	Tabata 训练法
运动	100% ~ 110% MAS × 15 s ~ 30 s	120% MAS × 15 s	120% ~ 140% MAS × 20 s
间歇	50% ~ 70% MAS × 15 s ~ 30 s（积极性恢复）	15 s（消极性恢复）	10 s（消极性恢复）
运动：间歇比值	1:1	1:1	2:1
持续时间	5min→8min→10min	5min→8min→10min	5min→6min→8min
重复组数	1 ~ 2	1 ~ 2	2 ~ 5
训练周期	2 ~ 3 周	2 ~ 3 周	2 ~ 3 周

五、无氧耐力训练

（一）发展 ATP – CP 供能系统的训练方法

从能量系统来看，快速运动能力和爆发力要求提高磷酸原（ATP – CP）的贮备和代谢过程，而不是过多动用肌糖原产生乳酸的糖酵解代谢过程。在进行训练时，要使 ATP – CP 达到最大的消耗，而肌肉中乳酸的生产速率很低，血乳酸基本维持在安静值范围或略高于安静值。这种训练方法就是“无氧－低乳酸训练”。在超极量强度运动 10 s 时，肌肉中被消耗的能源物质主要是 ATP 和 CP，CP 消耗量可达贮存量的 90% 以上。所以，无氧－低乳酸训练法的最适宜负荷时间为 10 s 以内，重复训练的间歇时间应该是使 ATP 和 CP 基本恢复，在下一次练习时再能利用 ATP 和 CP 供能，从而不断刺激 ATP 和 CP 供能系统而提高其代谢能力。这种训练方法的负荷结构如表 4－2 所示。

表 4－2　ATP－CP 供能系统训练的负荷结构

训练目的	训练方法	负荷结构			监控参数
		运动时间	运动强度	间歇时间	
提高快速运动能力	无氧－低乳酸训练法	≤10 s	超极量负荷	≥30 s	血乳酸≤3mmol/L

注：练习重复次数以血乳酸不超过 3mmol/L 的训练次数为度。

（二）糖酵解供能系统的训练方法

一般而言，最大强度运动 30 s～15min 之间，糖酵解供能系统起主导或重要作用，提高糖酵解供能系统能力的最有效方法是高强度持续运动，保证运动中主要由糖酵解供能，运动机体内有明显的乳酸积累。另外，发展糖酵解系统的能力要求反复刺激机体以维持所需的乳酸值，而不是血乳酸达到目标值后就停止该项练习，这一点对于高强度、间歇性为特征的球类项目尤为重要。因此，糖酵解供能系统的训练方法分为两种类型，乳酸生成训练和乳酸耐受训练，其负荷结构见表 4－3。

表 4－3　糖酵解供能系统训练的负荷结构

	强度 /%	持续时间 /s	练习∶间歇	重复次数
乳酸生成训练	70～100	10～40	1:5	2～10
乳酸耐受训练	45～100	10～90	1:1～1:3	2～10

青少年运动员身体训练．曹晓东等，2013。

六、耐力训练的基本要求【自学内容】

（一）耐力训练的一般要求

1. 加深呼吸深度

练习者在训练中应该培养以加深呼吸深度为主要方式的供氧能力。同时，还要注意呼吸节奏与动作节奏配合的一致性。

2. 以有氧耐力为基础

无氧耐力的提高是建立在有氧耐力发展的基础上的，这是因为通过有氧耐力的训练，能够促进心脏容积的增大，从而提高每搏输出量，为无氧耐力发展奠定基础。所以在进行无氧耐力训练之前或同时，应适当安排有氧耐力的训练。

3. 注重专项特点

不同项目对耐力素质的要求不同，在训练时必须根据项目的特点和需要，选择合适的训练内容、方法和手段，以取得理想的结果。

4. 有意识地培养意志品质

意志品质在耐力训练和耐力素质的提高中起到十分重要的作用。因此，在耐力训练中既要注意练习者承受的生理负荷，同时又要重视对意志品质的培养。

5. 适当控制体重

人体肌肉中脂肪过多，会增加肌肉阻力，摄氧量的相对值也会因体重的增加而下降。体重的增加还会造成能量消耗的增加，影响耐力素质的发展。因此，提高耐力素质需要适当控制体重。

6. 正确的饮食结构

耐力项目运动员除了需要摄入必要的营养物质保持健康外，还必须产生具有充足的能量满足训练和恢复的需要。因此，正确饮食结构的要点包括：高碳水化合物、低脂肪、足够的蛋白质、大量的纤维素、低盐、足够的维生素和矿物质以及多饮水等。

（二） 儿童少年进行耐力训练的注意事项

1. 遵循耐力自然发展的规律，科学地安排耐力训练

少儿耐力素质是随着年龄的增长而逐渐提高的，例如进行3min的活动测定，9岁儿童的耐力只能达到成人的40%，12岁时达到成人的65%，15岁时便可达到成人的92%了。

一般来讲，女孩9岁时，耐力提高的速度较快；12岁时，耐力再次提高；当他们进入性成熟后第二年（14岁起）耐力水平将逐年下降；到15～16岁时，耐力水平下降得最多。

男孩在10岁、13岁和16岁时，耐力素质有大幅度的提高。

2. 以有氧耐力训练为主

过早地进行无氧耐力训练，会严重的影响他们的循环系统未来的功能水平。此外，从生理上讲，少儿血红蛋白、肌红蛋白含量较成年人少，无氧代谢能力储备不足，酸中毒现象要靠心血管系统补偿来消除，因此，无氧代谢能力的发展受到限制。

一般来讲，少年运动员从青春发育期开始进行无氧耐力训练为好。从优秀中长跑运动员成长过程分析，他们系统从事专项耐力训练要经过8～10年或更长的时间。近几届奥运会中长跑优胜者一般是男子为26～29岁，女子为24岁。以此推算，他们从事专项耐力的训练时间男子约14～16岁，女子约13～14岁。

3. 训练手段多样性、趣味性

儿童少年进行耐力训练的内容手段应多种多样，不应只局限于长跑的练习，可选用活动性游戏、球类运动、骑自行车、滑冰、登山和循环练习等。

4. 选择适当的方法与负荷

儿童少年进行耐力训练的基本方法为持续训练法，此外，还可用法特莱克式的变速跑等。假如使用间歇训练法，应以小强度的间歇法为主，工作强度应控制在30% ~60%，练习总时间为20min左右，练习与休息时的比例可按1:1安排。随着年龄的增长，到15岁以后可使用较大强度的间歇训练法，强度可达50%以上。

七、耐力测试【自学内容】

（一） 有氧耐力测试

1. Cooper 12min 跑

根据运动员12min的跑动距离，换算为VO_2max，评价其耐力水平。

公式为：$VO_2max = (22.351 \times km) - 11.288$

Cooper 12min 跑成绩的参考性评价标准，如表4－4、表4－5所示。

表4－4 男子12分跑成绩的参考性评价标准

年龄	等级				
	优秀/m	中上/m	平均/m	中下/m	差/m
20~29岁	>2800	2400~2800	2200~2399	1600~2199	<1600
30~39岁	>2700	2300~2700	1900~2299	1500~1999	<1500
40~49岁	>2500	2100~2500	1700~2099	1400~1699	<1400
>50岁	>2400	2000~2400	1600~1999	1300~1599	<1300

引自：http://www.topendsports.com/testing/norms/cooper-12minute.htm

表4－5 女子12分跑成绩的参考性评价标准

年龄	等级				
	优秀/m	中上/m	平均/m	中下/m	差/m
20~29岁	>2700	2200~2700	1800~2199	1500~1799	<1500
30~39岁	>2500	2000~2500	1700~1999	1400~1699	<1400
40~49岁	>2300	1900~2300	1500~1899	1200~1499	<1200
>50岁	>2200	1700~2200	1400~1699	1100~1399	<1100

引自：http://www.topendsports.com/testing/norms/cooper-12minute.htm

2. Yo Yo 测试

运动员在距离为 20m 的两个标志物之间，以不断增加的跑速进行折返跑。不断增加的跑速由磁带上的信号来控制，队员应在测试中完成尽可能多的折返跑。当队员第一次未在规定时间内到达终点或犯规时，将会被警告一次；第二次未在规定时间内到达终点或犯规时，就会被取消测试资格。

Yo Yo 测试包括三种测试方案：（1） Yo Yo 耐力测试（Yo Yo Endurance Test）：每两次折返跑之间没有间歇，主要用于评价运动员长时间持续运动的能力；（2） Yo Yo 间歇耐力测试（Yo Yo Intermittent Endurance Test）：每两次折返跑之间的间歇时间为 5 s，主要用于评价运动员在长时间间歇运动后反复进行大强度运动的能力；（3） Yo Yo 间歇恢复测试（Yo Yo Intermittent Recovery Test）：每两次折返跑之间的间歇时间为 10 s，主要用于评价运动员在每次大强度运动后的恢复能力，尤其适用于间歇恢复后从事大强度运动的能力对比赛结果具有重要影响的项目，如羽毛球、橄榄球、冰球等。

每种测试方案都包括两个水平，即水平 1 和水平 2。水平 1 主要适用于评价未经过训练的个人或者未经过良好训练的运动员，如普通人群、青少年运动员、女子运动员。水平 2 主要适用于评价经过良好训练的运动员或者职业运动员，如男子运动员、优秀女子运动员。水平 1 与水平 2 的不同之处在于在水平 2 测试方法中每次折返跑的时间比水平 1 更短，要求运动员跑速更快，强度更高。

三种 Yo Yo 测试的级别及相应的折返跑次数，如表 4 – 6 所示。

表 4 – 6　Yo Yo 测试的级别及其对应的折返跑次数

YO – YO 耐力测试				YO – YO 间歇耐力测试				YO – YO 间歇恢复测试			
水平 1		水平 2		水平 1		水平 2		水平 1		水平 2	
次数	级别	次数	级别	次数	级别	次数	级别	次数	级别	次数	级别
7	1	10	8	2	1	2	8	1	5	1	11
8	2	11	9	2	3	2	10	1	9	1	15
8	3	11	10	2	5	2	12	2	11	2	17
8	4	11	11	8	6	8	13	3	12	3	18
9	5	12	12	8	6. 5	8	13. 5	4	13	4	19
9	6	12	13	8	7	8	14	8	14	8	20
10	7	13	14	3	7. 5	3	14. 5	8	15	8	21
10	8	13	15	3	8	3	15	8	16	8	22
11	9	13	16	6	8. 5	6	15. 5	8	17	8	23
11	10	14	17	6	9	6	16	8	18	8	24
11	11	14	18	6	9. 5	6	16. 5	8	19	8	25

续表

YO－YO 耐力测试				YO－YO 间歇耐力测试				YO－YO 间歇恢复测试			
水平 1		水平 2		水平 1		水平 2		水平 1		水平 2	
次数	级别	次数	级别	次数	级别	次数	级别	次数	级别	次数	级别
12	12	15	19	6	10	6	17	8	20	8	26
12	13	15	20	6	10. 5	6	17. 5	8	21		
13	14	16	21	6	11	6	18	8	22		
13	15			6	11. 5	6	18. 5	8	23		
13	16			6	12	6	19				
14	17			6	12. 5	6	19. 5				
14	18			6	13	6	20				
15	19			6	13. 5	6	20. 5				
15	20			6	14	6	21				

3. 最大有氧速度（Maximal Aerobic Speed，MAS）测试

Daniels 于 1984 年提出"最大摄氧量速度"（Velocity associated with VO_2max，vVO_2max）的概念，并认为这是一个整合了 VO_2max 和运动经济性参数的指标。由于递增负荷跑台运动实验是检测 VO_2max 的最方便的方法，因而 VO_2max 通常被定义为在递增负荷跑台运动实验中达到 VO_2max 水平时的实际跑速。（图 4－1）

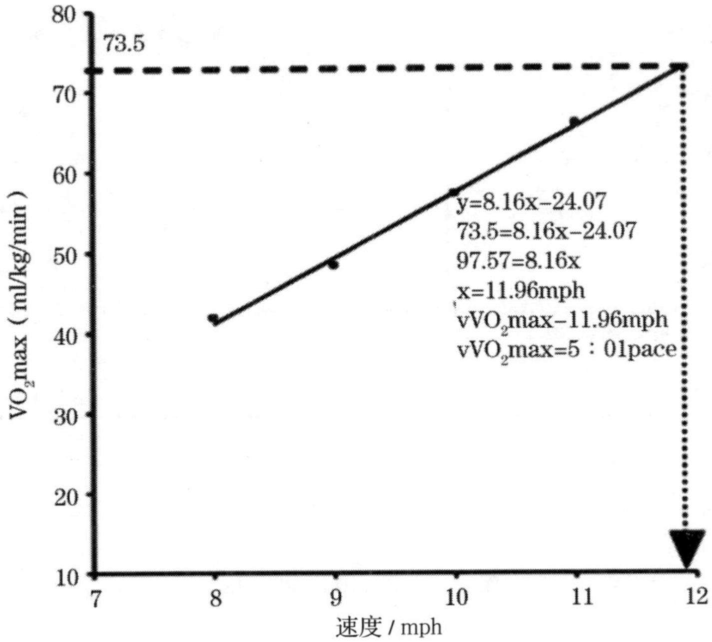

图 4－1　达到 VO_2max 水平时的实际跑速

最大摄氧量速度也被称为最大有氧速度（Maximal Aerobic Speed，MAS），它不仅反映可使用的氧气量，同时也代表运用氧气的效率。

其具体测定方法是：

在一个标准的400 m田径场，允许有风的情况下，进行至少20min的充分热身，受试者进行5min或者6min全力跑，采用GPS技术记录下所跑的距离（m）。将记录的距离除以用秒表示的时间，就可以得到MAS。通常每隔6～8周重新测试一次，以确定新的水平。

从简便易行考虑，运动队通常采用1500 m～2000 m计时跑。测试时，一定要保证运动员100%最大努力程度进行，这样才能保证测试的准确性。采用MAS（m/s）＝距离（m）/时间（s）计算。如某运动员跑1200 m的时间为5min，则其MAS＝1200 m/300 s＝4m/s。

（二）无氧耐力测试

1. 7×30m冲刺测试

如图4－2所示，运动员从起点开始按照图中所示快速冲刺到终点，然后用25 s的时间恢复体力并返回到起点继续重复完成冲刺跑的任务。记录整个测试的用时、每次冲刺的成绩，找出最好成绩和最差成绩，计算出冲刺的平均成绩和疲劳时间；疲劳时间为最快时间（通常是第一或第二次冲刺跑）和最慢时间（通常是第六或第七次冲刺跑）的百分率。

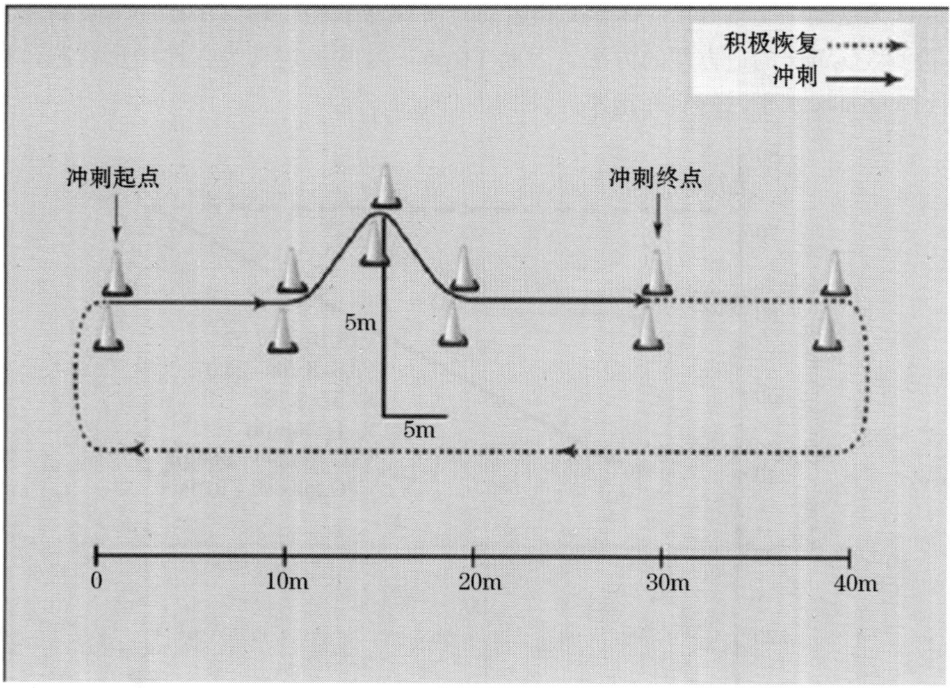

图4－2　7×30m冲刺测试

2. 300 码折返跑

如图 4 – 3 所示，在平整的场地上放置两个标志桶，相距 25 码，运动员一只脚在起跑线上准备起跑，当看到计时员的指示后，运动员开始向 25 码距离的另一侧跑，脚接触到该标志桶后，转身返回起点，继续循环；如此往返跑 6 次，中间无间歇（总共 300 码）。休息 5min 后，再次重复测试。

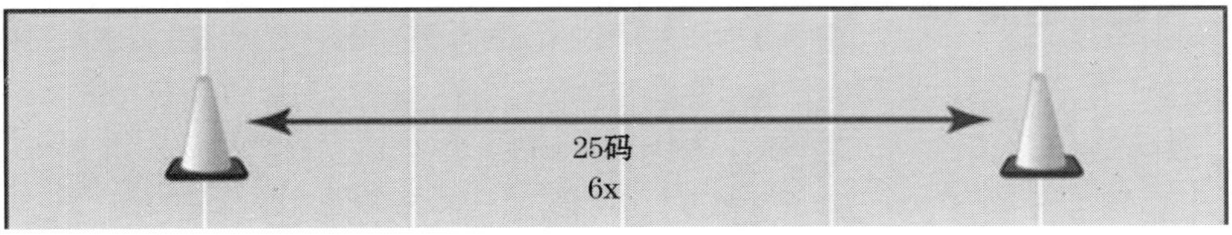

图 4 – 3　300 码折返跑

思考题

1. 有氧耐力、无氧耐力的影响因素。
2. 无氧耐力训练包括哪两个方面的内容？
3. 无氧 – 低乳酸训练是指什么？
4. 无氧低乳酸训练的最适宜负荷时间、乳酸浓度。
5. 糖酵解供能系统的训练方法分为哪两种类型？
6. 发展有氧耐力的常用方法有哪些？
7. 目前认为的提高耐力水平的最好方法是什么？
8. 最大有氧速度训练有哪几种？
9. 间歇训练法和重复训练法有什么区别？
10. 耐力训练的基本要求。

第五章 灵敏训练

内容提要

本章主要介绍灵敏的定义、灵敏的分类、灵敏训练的意义、灵敏评定方法及灵敏训练的基本要求；重点阐述了灵敏的基本运动技巧，及程序化灵敏和随机灵敏训练的常用练习。

第一节 灵敏概述

一、灵敏的定义

灵敏是指快速变速、变向的能力。灵敏被认为是“机体的智商”，它是速度、爆发力、平衡、协调等素质的综合反映。平衡能力能够保持身体在静止或运动时身体重心的稳定。协调是保证身体运动与感受器协调配合的能力。爆发力是保障肌肉或肌肉群快速克服阻力的能力。速度体现在快速的移动或跑动通过一定距离的时间。灵敏在竞技体育运动中具体表现为加速、急停、变向再加速的能力，在对抗性运动中占有重要地位，尤其是球类对抗项目。

二、灵敏的分类

根据灵敏与专项运动的关系，灵敏可分为一般灵敏和专项灵敏两类。一般灵敏是指在完成各种复杂动作时所表现出来的应变能力；专项灵敏是指各专项运动所需要的，与专项技术有密切关系的应变能力。

根据运动员对运动的预知性，灵敏分为程序化灵敏和随机灵敏。运动员在预先设计好的情景下练习，发展的是程序化灵敏，如T型折返跑或6边形跳等都属于程序化灵敏。运动员在随机变化的情景下练习，发展的是随机灵敏。在随机灵敏训练中运动员不知道接下来的动作是什么，而是根据突如其来的信号，做出相应的动作。喊号追逐跑、抛接不规则弹性球等都属于随机灵敏训练。

三、灵敏训练的意义

（一）灵敏训练可以改善神经肌肉调节

灵敏训练是满足专项运动神经肌肉需求最为有效的训练形式。灵敏训练的要素（强度、持续时间、间歇时间及技术）可以根据专项比赛的需求及特征进行设计。因而灵敏训练和比赛非常接近，运动员能够得到专门性的神经肌肉适应。同时，它还可以把其他体能要素进行特定的整合以更加适合专项的需求。

（二）提高运动感知觉

灵敏训练可以通过提高运动感知能力，进而提高身体控制能力。换句话说，灵敏训练强调细微动作的精细控制，包括颈部、肩部、背部、臀部、膝部和踝部，以期获得较佳的中立位姿态。运动知觉的改善有助于获得更快速的运动以及更高的运动效率。

（三）提高运动效益

良好的灵敏素质可以确保运动员形成最佳的进攻和防守技巧，减少不必要的动作，进而提高运动的效益。

（四）避免不必要的伤害

良好的灵敏素质能够使肌纤维被合理地激活，有效地控制踝关节、膝关节、髋关节、背部、肩关节和颈部的细微运动。因此，在遇到突如其来的冲击时，肌肉能够协调运动，进而减免不必要的损伤。

四、灵敏的评定【自学内容】

评定灵敏的方法有很多。为了使评价具有更客观的标准，灵敏测试的方法一般都属于程序化灵敏测试，如T型跑测试、十字变向跑、六边形跳等。具有一定跑动距离的项目一般采用T型跑测试、十字变向跑、折返跑等移动测试。对于没有跑动的运动项目，灵敏测试可以采用六边跳测试和综合障碍跳等近距离变向测试。另外，手的灵敏测试对于对抗性项目也是不容忽视的。以下是常用的灵敏测试方法。

（一） 手臂的灵敏测试

名称：手臂击打测试

训练目的：测试快速移动手臂的能力，同时预测手臂快肌纤维的比例，评定手的灵敏水平。

过程：选择拳击沙袋作为击打目标。受试者手臂伸展，手掌张开，尽量靠近目标，击打时把注意力集中在击打的速度上，而非力量。测试者计时，记录20 s内受试者能够击打目标的次数。

意义：测试结果反映运动员能快速地击打对手，通过测试结果与标准的对比，预测运动员是否能成为一个灵敏型的运动员。

（二） 脚步的灵敏

名称：脚步移动测试

训练目的：测试脚步快速移动的能力，同时预测运动肌的快肌纤维的比例，评定灵敏水平。

过程：在草地上摆放好绳梯，或在训练场地上按着绳梯的大小画制一条绳梯。受试者要以冲刺速度跑过绳梯，上肢正常摆动，膝尽量不要高抬，不要触及绳梯。测试者记录受试者通过绳梯的时间。

意义：测试反映运动员脚步快速移动的能力，同时反映运动员遗传方面的潜力。

（三） T－test （图5－1）

训练目的：测试运动员的变向能力。

过程：将4个标志桶摆放成“T”字型。运动员从标志桶A冲刺到标志桶B，用右手触碰标志桶底部，然后从标志桶B滑步到标志桶C，用左手触碰标志桶C底部，再向右滑步到标志桶D，用右手触碰标志桶D底部，向左侧滑步到标志桶B，用左手触碰标志桶B底部，紧接着后退跑回到标志桶A。

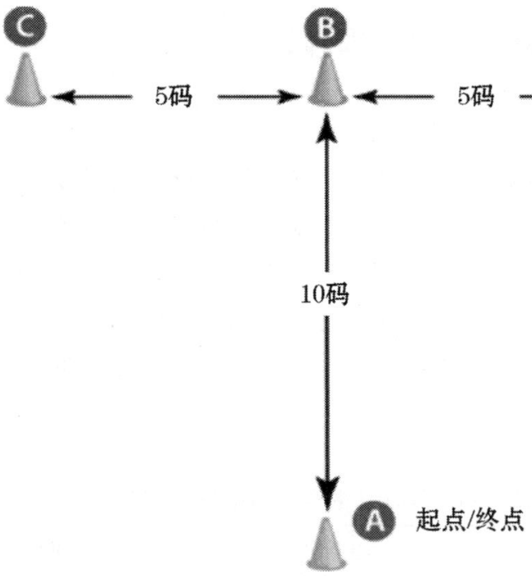

图 5 -1　T - test 测试

（四）六边形跳（图 5 -2）

训练目的：测试脚步快速移动的能力。

过程：运动员站在边长为 61 cm 的六角形中间，听到口令后双脚跳过 A 线，再原路跳回到六边形中间。运动员按照该动作跳完 6 个边线，最后回到六边形中间。重复三次。

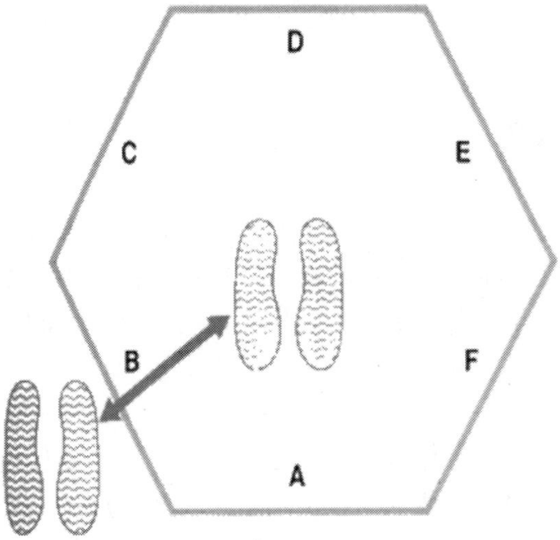

图 5 -2　六边形跳图形

五、灵敏训练的基本要求【自学内容】

1. 灵敏要从少儿开始训练。

灵敏的生理学基础是在中枢神经系统指挥下，将身体各种能力，包括力量、速度、协调、柔韧等综合地表现出来。神经系统是人体发育最早、最快的系统，儿童具有优越的发展神经系统的条件，如7～12岁具有良好的反应能力，6～12岁孩子节奏感较好，7～11岁具有良好的空间定向能力等。这些都为发展灵敏提供了良好的条件。女子进入青春期后，由于体重增加，内分泌系统也发生了变化，这会对灵敏的训练与表现产生一定的影响。（表5－1）

表5－1　不同年龄段灵敏的发展状况

年龄（岁）	7～12	13～15	快速生长期	成熟期
灵敏的发展	稳定提高	有时下降	逐渐稳定提高	下降

2. 灵敏训练的时间不应太长。

灵敏训练的时间不宜太长，可以控制在20min以内，但至少包括2～3个变向移动。

3. 灵敏训练应根据运动项目的需求来选择训练方法和手段。

4. 灵敏训练一般安排在训练课的前半部分，尽量使运动员在体力充沛，精神饱满时进行。

5. 灵敏训练应有挑战性、趣味性和刺激性，训练方法千变万化，不要使练习变得枯燥乏味。

六、灵敏的运动技巧

灵敏的提高与合理的运动技巧是分不开的。灵敏训练首先采用较慢的速度学习各种移动技巧，熟练掌握之后再逐渐提高练习的速度。切记，不要为了追求速度而忽视合理技术的掌握。灵敏技巧主要包含视觉的指向、脚步的移动以及手臂的摆动。

（一）视觉的指向

视觉的指向作用，是指运动时不管运动方向如何，头部要保持中立位，眼睛指向运动方向。转动头部并形成视觉指向是变向（如向左、向右）或动作过渡（如急起、急停）的第一步。如果在转动头部之前，首先转动肩部或臀部，这将导致运动路线的偏离，进而导致运动效率的下降和速度的降低。除非教练员要求运动员在运动中必须关注某人或某物，如足球、篮球运动中的侧身跑，否则应该充分运用视觉的指向作用。另外，通过观察运动员的头部运动，可以判断其移动技术是否正确。如果运动员的头部保持水平状态，技术动作正确，如果头部上下移动，技术动作不正确。

（二）脚步技术

运动员在完成侧向或前后移动时，必须借助地面反作用力的推动。脚步动作质量的高低直接影响着蹬地反作用力的大小。运动员蹬地充分，地面才能给予运动员更大的反作用力。无论从静止还是运动状态中起动，只用脚尖蹬地是不可取的，只有使脚掌尽可能多地接触地面才能产生更大的力量。同时，注意避免身体重心落在脚后跟上，尽量将身体重心移至前脚掌，这样有利于髋、膝、踝的蹬伸。另外，在移动中，身体在空中的时间尽可能要短，因而必须减少过度的向上移动。

（三）手臂的摆动

手臂的动作是灵敏训练中的重要技巧，不容忽视。在冲刺或开始加速时，手臂运动非常关键。在变向和动作过渡运动中，运动员必须在新的运动形式或运动路线上获得较高的加速度。有力的手臂运动加上合理的步法将重新获得较高的速率。不充分或不合理的手臂运动将导致速度或效率的降低。

第二节　灵敏练习

自学内容

灵敏练习主要包括程序化灵敏练习和随机灵敏练习。

一、程序化灵敏练习

运动员在开始练习前已经清楚练习的动作、路线、形式、顺序等，因而在练习开始后不需要对下一个动作进行思考与判断。这将有利于运动员全力完成练习，以获得更快的速度。通过重复训练，使运动员掌握良好的变向运动技巧，进而提高变向速度。

程序化灵敏练习可在高速度下进行，但在学习的过程中，必须控制好速度。例如，围绕“之”字型或“T”型标志桶跑、跳或滑步等训练中，必须使运动员保持正确的动作技术。程序化灵敏训练中所有的动作、路线等都是规定好的，不存在自发性动作。一旦掌握了这些种类的练习，并能在正常情况下完成，运动成绩会得到改善，力量、爆发力、柔韧性和身体控制能力也会得到提高。

（一） 标志桶练习

练习1 “8”字型跑（图5－3）

两标志桶的距离为5码～10码（4.6 m～9 m）。起始姿势为两脚支撑站立。绕标志桶进行8字型跑，每次变向时用内侧手触碰标志桶。

图5－3 “8”字型跑

练习2 “V”字型跑（图5－4）

如图所示摆放标志桶。从标志桶1冲刺到标志桶2，左脚制动蹬地后退跑回标志桶1。紧接着再从标志桶1冲刺到标志桶2，右脚制动蹬地后退跑回到标志桶1。

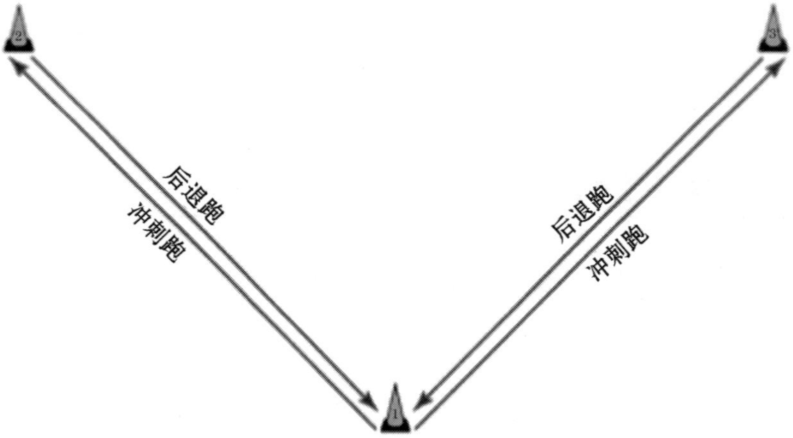

图5－4 “V”字型跑

练习3 Pro灵敏训练（图5－5）

如图所示，面向标志桶2站立。听到口令后向左转身冲刺到标志桶1，然后转身冲刺到标志桶3，紧接着再转身冲刺到标志桶2。

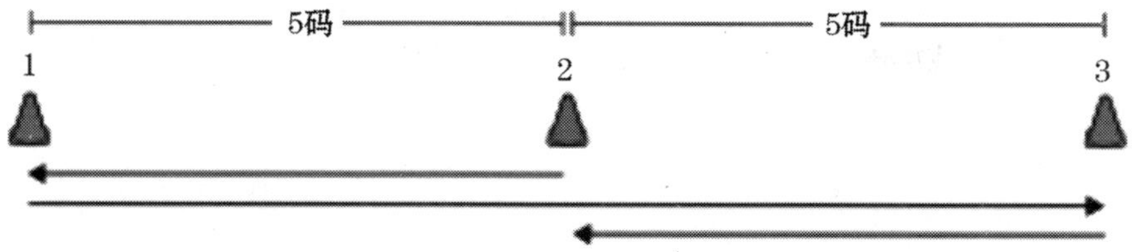

图 5－5 Pro 灵敏练习

练习 4 "T" 灵敏练习（图 5－6）

如图所示摆放标志桶。运动员从标志桶 1 冲刺到标志桶 3，然后从标志桶 3 滑步到标志桶 2，绕过标志桶 2 后再滑步向标志桶 4，绕过标志桶 4 后再滑步向标志桶 3，紧接着后退跑回到标志桶 1。

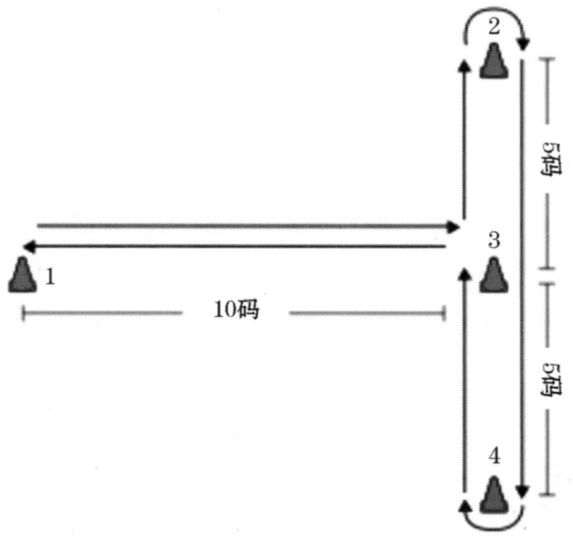

图 5－6 T 灵敏练习

练习 5 四角形练习（图 5－7）

如图所示摆放标志桶。运动员两脚支撑站于标志桶 1 外侧，听到口令后运动员迅速冲刺到标志桶 2，之后滑步到标志桶 3，然后后退跑到标志桶 4，再滑步到标志桶 1。

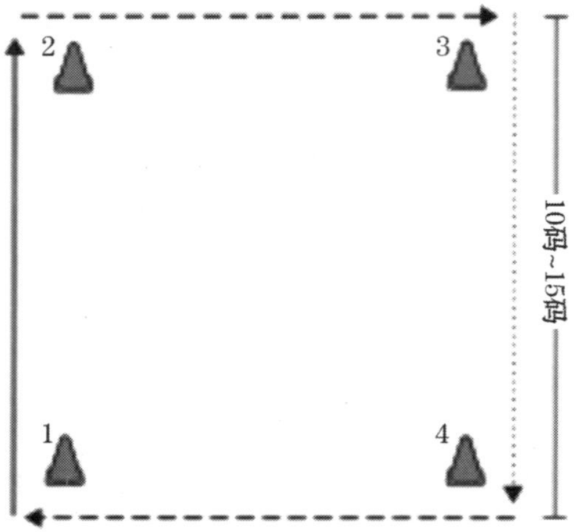

图5-7　四角形练习

（二）绳梯练习

练习1　高抬腿（一格一次）（图5-8）

两脚支撑站立。向前做高抬腿，摆臂动作要规范。每个空格踩一次。

练习2　高抬腿（一格两次）（图5-9）

两脚支撑站立。向前做高抬腿，摆臂动作要规范。每个空格踩两次（左右脚各一次）。

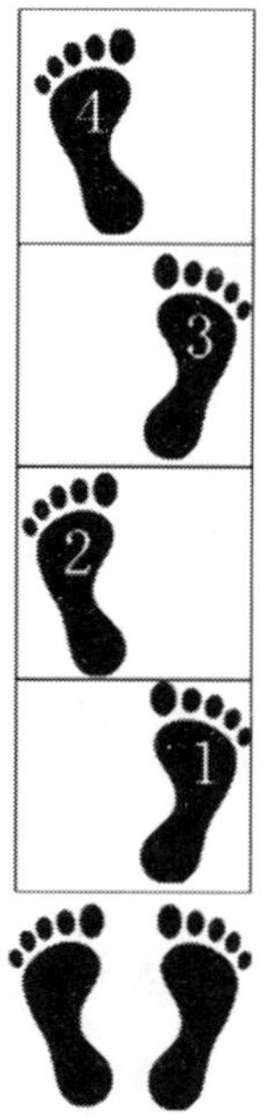

图5-8　高抬腿练习（一格一次）

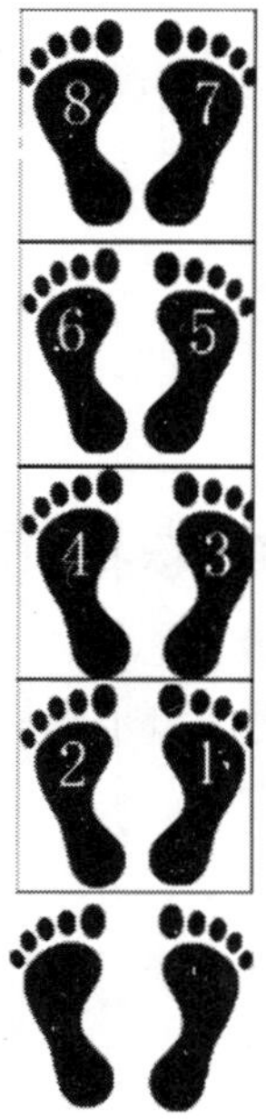

图5-9　高抬腿练习（一格两次）

练习3　交叉步（图5－10）

侧向双腿支撑站立，右脚靠近绳梯。左脚踏入第一个方格，右脚从左脚后方踏入第二个方格，左脚从右脚前方踏入第三个方格，右脚再从左脚后方踏入第四个方格。重复以上动作。当在前方交叉时要注意强调把腿抬高。

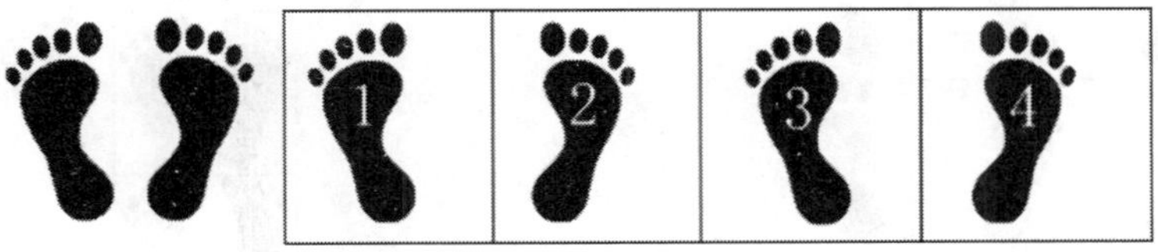

图5－10　交叉步

练习4　侧向高抬腿（图5－11）

两脚支撑侧向站立。在绳梯上做侧向高抬腿，摆臂动作要规范。每个空格踩两次，左右脚各一次。该练习也可以变换为每个空格踩一次。

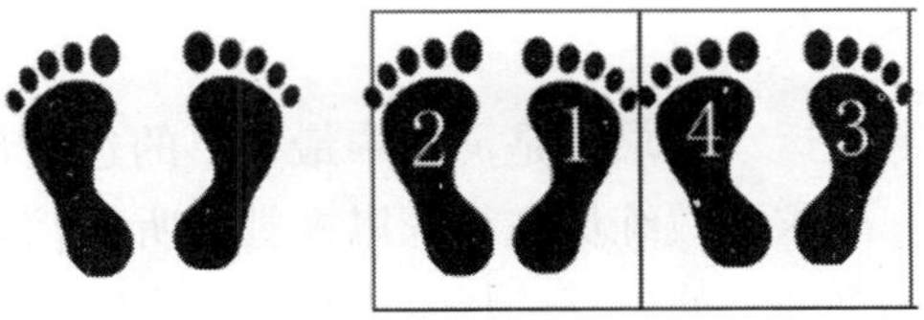

图5－11　侧向高抬腿练习

练习5　跳房子（图5－12）

两脚开立横跨第一个方格两侧。双脚跳起，右脚单脚落在第一个方格内。右脚跳起，两脚同时落在第二个方格的两侧。两脚同时跳起左脚落在第二个方格内。重复这样的动作跳完整个绳梯。

练习6　“之”字步（图5－13）

运动员两脚支撑站立绳梯第一个方格右侧。左脚先迈入第一个方格，右脚紧随其后，然后左脚迈到第一个方格左侧。右脚迈入第二个方格，左脚紧接着也迈进第二个方格，右脚迈到绳梯右侧。如此重复直到走到绳梯的另一端。

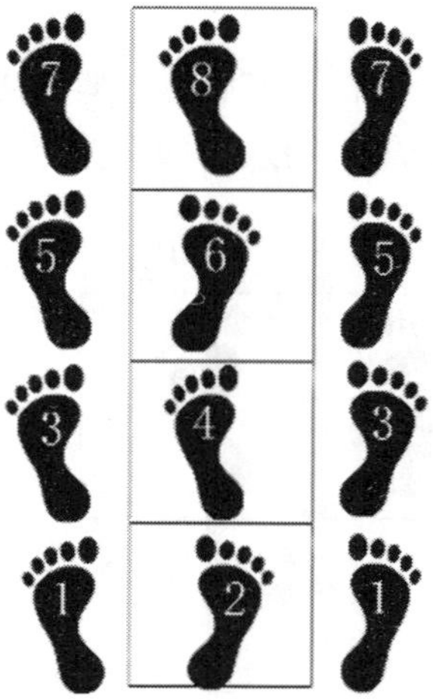

图 5－12　跳房子

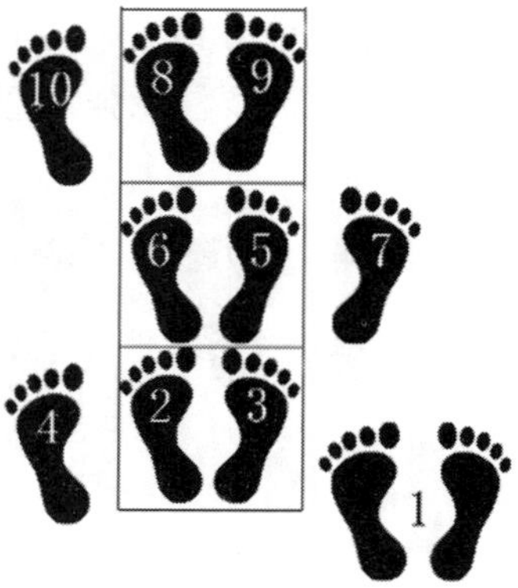

图 5－13　“之”字步

二、随机灵敏练习

随机灵敏练习要符合专项运动需求，是灵敏中最重要的也是最难掌握的能力。运动员必须完成未知的运动形式和要求，教练员往往辅以视觉和听觉信号，使运动员根据不同的信号对运动形式做出瞬间的判断，使训练的场景更加接近实际比赛情景。

随机灵敏练习主要分为三类，第一类躲闪、追逐练习，如把两个人用一根绳子拴住，然后进行躲闪练习；第二类抛接练习，如不规则球（Z－ball）的抛接；第三类专门性练习，如跳起落地后听从教练马上提出的未知运动形式。

思考题

1. 什么是灵敏？
2. 简述灵敏的基本技巧。
3. 简述程序化灵敏练习的基本类型。
4. 简述随机灵敏练习的基本类型。

第六章　柔韧性训练

内容提要

本章介绍了柔韧性的基本概念，分析了柔韧性的影响因素及其作用，柔韧性的生理机制及其与损伤的关系等。重点介绍了柔韧性训练的基本方法及不同形式的拉伸练习。

第一节　柔韧性概述

一、柔韧性的概念

柔韧性（Flexibility）是指人体关节活动幅度的大小以及跨过关节的韧带、肌腱、肌肉、皮肤及其他组织的弹性和牵拉能力。柔韧性包括两个方面的含义：一是关节活动幅度的大小；二是跨过关节的肌肉、肌腱、韧带等软组织的伸展性。柔韧性通过关节运动的幅度，也就是按一定的运动轴产生转动的活动范围而表现出来。关节的活动幅度主要取决于关节本身的结构，不同的关节轴直接制约着关节的活动度。此外，跨过关节的肌肉、肌腱、韧带等软组织的伸展性也影响着关节运动幅度，其中影响关节柔韧性的主要因素是肌肉，所占比率为40%。因此，提高关节运动幅度主要是通过拉伸肌肉，提高其伸展性来实现的。人体与机器不同，机器是在预先设计的固定模式下，力臂通过各式各样不可移动的支点运动，而人体的运动是通过骨骼、肌肉、关节、肌腱、结缔组织和皮肤共同完成的。

因此，柔韧性和灵活性是人体运动所必须的，特别是当身体需要进行大幅度运动来发挥最大力量时。

与柔韧性紧密关联的还有一个重要概念是关节灵活性（Mobility）。灵活性反映了运动员身体在某一功能位置及运动模式下肌肉的柔韧性，关节的活动范围以及身体多部位的相互作用。灵活性的内涵不是单单的坐位体前屈所代表的肌肉柔韧性。灵活性主要反映人体多部位的活动方式，如臀部、骨盆及躯干部位在功能姿态下的相互作用方式。评估一个专门的关节和肌肉不足以提供充分的运动员身体活动的信息。例如，坐位体前屈具有有限的功能性应用，并与功能性运动的相关性很低。

运动幅度（ROM）和肌肉长度、关节角度、力、力矩变化的比例只是衡量柔韧的指标，其中ROM是最常用的指标。在这其中，阻碍身体各关节运动的最主要作用力与软组织（肌肉）的弹性有关，如果通过牵拉练习来改善肌肉的柔韧性，那么关节的运动幅度就能被提高。对体能教练而言，柔韧性是指身体各部位在正常活动范围内活动的能力，并和运动损伤的预防有关。

二、影响柔韧性的因素

影响柔韧性的因素有很多，有些因素不能通过训练来改善提高，如关节结构、年龄、性别等，而其他因素则可以通过训练来改善，如体内温度、肌肉等结缔组织延展性等。

（一）关节结构

限制关节活动范围的主要就是关节本身，不同的关节由于其解剖特点不同，活动范围也不同。例如，肘关节只能做屈曲运动，其活动范围明显小于肩关节，所承担的功能作用也不同。因此，通过一项柔韧性测试来反映全身的柔韧性是不科学的。

（二）肌肉和结缔组织

关节周围附着的结缔组织，包括韧带、关节囊、肌腱、筋膜、腱鞘等，是影响关节活动范围的重要因素。松弛状态下的肌肉能被拉长到自身长度，而韧带、筋膜等结缔组织的延展能力要比肌肉差。要增大关节的活动度，首先要使结缔组织产生适应。结缔组织的主要成分是胶原纤维和弹力纤维，后者比例大，组织延展性较好。

（三）年　龄

儿童的柔韧性通常都比较好，随着年龄的增长，柔韧性逐渐下降，这是肌肉柔韧性下降的结果。所以，儿童时期是进行柔韧性训练的最佳时期，这个阶段应针对全身各个关节进行系统的柔韧训练。而进入成年以后，人的骨骼、肌肉、韧带等发育基本趋于成熟，就会给柔韧性练习带来困难。

（四）性　别

女性的柔韧性通常好于男性，这种差异会从儿童一直延续到成人阶段。

（五）温　度

关节活动范围会受到体内温度和环境温度的影响。这是由于温度升高可以降低肌肉的粘滞性，从而减少牵拉时的阻力。因此，在寒冷天气下进行赛前热身练习可以有效提高柔韧性，提高运动能力并预防损伤。

（六）时间周期

柔韧性在一天之中不是一成不变的，也会随时间发生变化。柔韧性提高最大的时间段是在上午 8 点到 12 点之间。因此我们在进行柔韧性测试对比时，应将受试者放在一天中的同一时间段内进行。

（七）力量训练

不恰当的力量训练，如练习力量过大，练习活动范围过小或者练习后没有注意恢复等都会降低柔韧性。肌肉变得过于发达而失去弹性，限制了关节的活动范围。因此，精心设计力量练习动作对柔韧性的发展也至关重要。

三、柔韧性的作用

（一）对技术的掌握和提高有促进作用

柔韧性保证专项技术动作的完成，使技术动作显得轻巧灵活，更加协调和准确。提高关节的灵活性，增加动作的协调优美感，可获得最佳的机能水平。如竞技体操、艺术体操、跳水等项目，不仅对肩、腰、胸、胯、腿有较高的柔韧要求，甚至对脚面的柔韧也有较高的要求。以上项目因专项技术的需要对全身各关节的柔韧要求都很高。由此可以看出，柔韧性对各项运动技术的掌握和发挥具有重要的作用。身体柔韧性的提高有助于完成复杂的技巧、特别是灵敏性起决定作用的技巧。对短跑运动员来说，膝、髋关节柔韧性，不仅能保证正确跑步时的动作幅度，并且对步长和步频都会产生较大的影响。如果缺乏柔韧性，身体环节的运动就会受到限制。如由于大腿后侧肌群的柔韧性差，而使动作受限时，往往在身体的其他部分，如腰部会产生一种补偿动作，这种补偿动作，无论从短期或长远着想都是有害的。运动员应该提高全面的柔韧性，使身体的各个部分在运动时都不需要相邻环节代偿来改变技术或动作，做到各司其责。

（二）有利于力量和速度的发挥

如果关节（踝关节、髋关节、肩关节）周围的柔韧性得到改善，那么身体各部位活动的幅度加大，根据加速度的原理，这样就能产生更大的力量和速度。快速的运动需要具备力量和协调性，而良好的柔韧性能提高这种能力，使训练者更好地控制身体的运动。

过去的观点一直认为力量的发展会影响柔韧性，这种观点是不全面的。如果肌肉力量的提高与肌肉柔韧性发展之间达到平衡，那么关节周围运动幅度就不会受到损失。运动员只要遵循柔韧性练习的原则，那么力量训练所导致的肌肉肥大（肌肉体积增加）绝不会限制关节的活动。因此在训练中要做到整个肌肉或肌群必须工作于整个运动范围；其次，重点在负功时相而且要循序渐进。大幅度的力量训练在一定程度上可以改善柔韧性。

（三）防止、减少运动损伤的发生

身体内的结缔组织如韧带或肌腱，如果经常让它缩短，它们会变得更短；相反的，经常给予拉长它将变得更长。肌腱和韧带过紧会妨碍肌肉和关节的活动范围，运动无法流畅地进行，运动能力就会受到影响。如果此时过快过大地进行了与组织牵拉能力不相符的运动，那么此块组织就会产生损伤，严重的会导致撕裂。这一点在热身及肌肉或韧带损伤方面的预防具有重大意义。

在运动开始前，一系列提高柔韧性的牵拉训练能帮助运动员提高体能和速度，缩短肌肉恢复时间，提高肌肉紧张度。为热身而进行的牵拉运动能使运动员在生理和心理上做好准备。激烈运动后进行牵拉运动，能减轻肌肉酸痛和痉挛。因为牵拉不但可以配合训练，也可以减少因为训练周围软组织可能造成的不良影响，促进运动后身体的恢复。而长期系统的牵拉练习，可以大大减少肌肉拉伤、肌腱扭伤或肌肉疲劳引起的其他损伤。例如，运动员经常遇到的腰背痛，就是由于大腿、骨盆和背部肌肉过紧造成的。

（四）促进身体适应、保持姿态和对称性

为了发展身体的对称性和良好的姿态，通过把一个个体化的柔韧性计划结合进一个总体的健身计划，不仅可以促进健康和适应性，而且能改进身体的外观。例如，圆肩可能与胸肌的柔韧性不好以及肩带内收肌群（即菱形肌和斜方肌中部）力量不足有关，这种情况通过拉长已经短缩的结缔组织和肌肉以及通过增强薄弱肌肉的力量可以减轻。

四、柔韧练习的生理机制【自学内容】

柔韧练习的目的是使身体具备两个特性，一个是弹性，一个是可塑性。弹性是指经过被动牵伸后，能够恢复原来长度的能力。可塑性是在被动牵拉下，组织能够变长，并且在外力消失后仍能维持原效果的能力。肌肉只有弹性，而韧带和肌腱两者都具备。在柔韧训练时，首先考虑的是可塑性，因为训练的目的就是让关节的活动幅度加大并保持。通过牵拉提高柔韧性主要作用在筋膜，因为这两者含有较多的弹性纤维。而韧带和肌腱弹性较差，如果过度松弛会造成关节不稳。

当放松的肌肉受力拉长时，对牵拉的大部分阻力，来自有牵拉特性的结缔组织和肌肉内及肌肉外的筋膜，而不是来自肌纤维。结缔组织由胶原纤维和基质组成，具有粘滞性和弹性。弹性成分具有恢复弹性变形的特性，而粘滞成分产生永久性的塑胶变形。影响结缔组织的塑胶性和弹性牵拉的因素有施加力的总量，加力的持续时间和组织的温度。力小而温度高时，结缔组织出现的损伤是最小的；当力大而温度低时，损伤的出现就大大增多

了。因此，对温度较高的组织进行缓慢的牵拉练习，而每次牵拉保持一定的持续时间，是提高柔韧性的最好和最安全的方法。

肌梭是一种本体感受器，它与肌纤维平行排列，有的在肌纤维之内组成肌梭肌纤维；有的在肌纤维之外，组成外肌梭肌纤维。肌梭能感受到肌肉长度的改变，它包含有基本的和第一类的感受末梢。当肌肉被牵拉时，肌纤维也被拉长。肌梭中的感受末梢变形，其结果是发出一系列送向小脑的感受神经冲动。运动神经冲动就从脊髓送向肌肉，使肌肉反射性地收缩，这便是一般所说的牵张反射，能够避免机体运动超过极限。当肌肉拉伸过快时，能够引起肌肉反射性反应，使该肌肉收缩。通过这种反射抵御进一步拉伸，反射性保护肌肉，避免损伤。这个原理对于训练中选择适当的柔韧性训练方法很重要。

高尔基腱器官位于肌纤维的末端和肌腱中。它们能感受肌肉紧张度的变化，也能感受肌肉长度的变化。当肌肉收缩时，它使肌腱拉长，使腱器官上的感受神经末梢受压而向小脑传送出神经冲动。肌腱器官对牵张反射产生一种抑制的反应。如果肌肉牵拉持续 6 s 以上，高尔基腱器官向小脑传送感受冲动作为对长度和紧张度的反应。从小脑来的运动神经冲动促使肌肉出现反射性的放松。这是一种自身的抑制反应，这一现象是静态牵拉和本体感受练习的基础。

还有一种神经生理现象是交互抑制。这是一种由于主动肌收缩而诱导对抗肌放松的机制，因而所谓对抗肌，实际上不是真正相互对抗。这种抑制是由于来自主动肌的感受冲动，抑制了对抗肌的运动神经冲动，从而不使对抗肌收缩。所有的肌肉收缩中，都有交互抑制，如肱二头肌收缩使肘关节屈，对抗肌即肘关节伸肌的运动神经出现抑制。

经常进行柔韧性训练，会使机体牵张反射的阈值增高，从而获得更大的肌肉牵拉范围。此外，筋膜、肌腱、韧带和腱鞘膜的长度也发生变化，肌细胞调控弹性的蛋白表达增加，氨基葡萄糖、水、透明质酸增加，避免组织胶连。

五、柔韧性练习的分类

柔韧性主要练习形式是拉伸。按照拉伸的方式划分，牵拉练习存在三种主要类型：动态、静态及 PNF 牵拉练习。拉伸需要运动员使相应关节运动到活动范围受阻的位置，在这个位置施加一定的力进行拉伸运动。弹振式拉伸通常用于运动前的热身，但由于组织适应不充分、损伤导致疼痛、引起牵张反射、神经生理适应不充分、粘滞的增加等因素，可能会伤害肌肉或韧带，故近年来已经越来越少采用。

（一）静态牵拉

静态牵拉，是在一定时间内，局限在一定活动范围内缓慢牵拉的活动。静态牵拉的主要特征是动作缓慢。固定的时间应大于 6 s，以便使高尔基腱器官出现一定的反应。然后，肌肉可以在不超过牵拉极限（不出现肌纤维和结缔组织损伤的这一极限）的情况下，较轻松地进行牵拉。当肌肉被牵拉，并保持到不再感到有张力时，肌肉可以进一步地被牵拉，促使它出现反牵拉反射。而牵拉的时间也不超过 30 s，研究显示增加时间并不能明显增加牵拉的效果。静态牵拉的力度应达到有一定酸、胀、痛的感觉，有轻微不适而不是痛苦感。牵拉时要保持正常呼吸，不要憋气。验证了短时间的静态拉伸可以降低肌电活动，进而使得拉伸更容易。较小的肌电信号表明肌肉的放松，因而使拉伸时的阻力小及使拉伸的潜力大，理由是静态拉伸可以使牵张反射的影响最小化。静态拉伸比弹射式拉伸所消耗的能量更少，所以静态拉伸可以减少肌肉疼痛。

静态牵拉有两种形式，即主动和被动牵拉两种形式。主动性牵拉要求运动员自己完成牵拉练习，并保持一段时间。被动牵拉是指运动员借助外力，或者在别人的帮助下来完成的静态牵拉。静态牵拉一般维持牵拉姿势停留 20 s～30 s，重复 2～3 次达到最佳效果。

静态牵拉能够有效提高关节活动度，降低肌肉紧张，改善姿态，加速局部血液循环，降低迟发性肌肉酸痛的程度。但进行大量的静态牵拉由于其放松肌肉的效果可能会对爆发力、反应时等产生不良影响，因此一般不建议在比赛前使用。当然，如果运动损伤及肌肉紧张等导致关节活动范围不足，进而影响技术动作时，可以在运动前进行适度静态牵拉来增加关节活动范围，避免损伤并提高动作质量。当然，那时最好补充一些动态活动来消除静态牵拉的不良反应。

（二） 动态牵拉

动态牵拉是指有节奏的、速度较快的、幅度逐渐加大的多次重复一个动作的拉伸。动态牵拉通常由一整套大幅度的动作组成，比静态牵拉运动强度要大，可为训练或比赛做准备。动态牵拉能够刺激某些特殊关节神经系统活动，使这些肌肉和关节为接下来的剧烈运动做好准备。动态牵拉的目的，是通过与专项运动相关的动作来增加肢体活动范围，可以说是介于静态牵拉和竞技运动之间的过渡阶段。通过动态牵拉练习，可以预防运动损伤，提高运动能力。包括两种形式：一是常规练习，二是特定项目的速度和移动练习。

研究表明，运动员通过动态牵拉练习，可以提高爆发力，进而使冲刺跑和跳跃的能力提高。动态牵拉可以提高肌肉的动态柔韧性，采用与运动项目相似的练习动作，可以激活即将动员的肌肉，增加血流量、提高温度，有助于运动的进行。如果动态牵拉练习范围过大、速度过快，可引起肌肉牵张反射，肌纤维被暂时拉长。过度牵拉肌纤维，就会导致肌纤维受损，造成肌肉弹性丧失。因此，在设计和实施动态牵拉时，采用渐进速度的方法更好。运动员从慢速小幅度运动开始，然后到慢速极限幅度运动，快速小幅度运动，最后到快速极限幅度运动。所控因素根据运动员的反应来确定，没有其他人所施加的外力。

另外区别于传统的弹振式拉伸，现在更多的是运用渐进动态牵拉，指一个身体姿势逐渐活动到另一个身体姿势，然后平稳地回到原来位置，动作到位后往往需要适度控制 2 s～3 s，避免反弹并结合运动特殊性的移动模式。整个动作应平稳且受控制，逐渐增加活动幅度，使肌肉逐渐到达活动范围的极限。牵拉动作的设计与专项运动的动作相似，对激活相关肌群有一定的作用，并可以持续增加关节活动范围。

（三） PNF 牵拉

PNF 牵拉全称是本体感觉神经肌肉促进术，是 Proprioceptive Neuromuscular Facilitation

Stretch 的缩写与简称，是利用本体感觉、皮肤和听觉的神经传入来改善运动传出神经支配功能的一种牵拉方法。起源于物理治疗领域，通过激活和募集最大数量的运动单位参与活动，同时通过激发其潜力来促进神经肌肉功能恢复，是多种运动损伤康复的重要组成部分。

PNF 牵拉强调多关节、多肌群参与的整体运动而不是单一肌肉的活动，增强了关节的运动性，稳定性，控制能力以及如何完成复合动作的技巧，同时利用了运动感觉，姿势感觉等刺激增强有关神经肌肉反应和促进相应肌肉收缩的锻炼方法；其特征是肢体和躯干的对角线和螺旋形主动、被动、抗阻力运动，并主张通过手的接触、语言口令，视觉引导来影响运动模式。它的牵拉原则是按照正常的运动发展顺序，运用适当的感觉信息刺激本体感受器，使某些特定的运动模式中的肌群发生收缩，促进功能性运动产生。PNF 牵拉可用于增强肌肉力量、增加柔韧性以及改善神经肌肉系统的协调反应，其主要机制是牵张反射。由于通过这种方法的练习能改善特定肌肉的功能和提高关节的柔韧性，在竞技体育中，一直用于增加肌肉柔韧性，是被动牵拉运动的一种高级形式。

PNF 技术在康复中主要用于增强肌肉力量和加大关节的运动幅度。常用的有三种形式：

收缩—放松技术，肢体被动运动至出现抵抗，此时运动员等张收缩拮抗肌。持续10 s，重复 2 ~3 次。

静持—放松技术，与收缩放松技术类似，不同的是采用等长收缩。运动员将损伤肢体运动到抵抗点后，肌肉抗阻等长收缩持续 10 s，然后运动员放松肌肉 10 s，这时运动的肢体可主动或被动移动到一个最大限度，重复 2 ~3 次。

慢速—往返—静持—放松，运动员主动运动肢体到抵抗点，肌肉抗阻等长收缩持续 10 s，然后放松 10 s。这种练习可以使运动肌收缩时放松对抗肌，从而使肢体运动达到一个最大限度。

PNF 牵拉既可以作为一般性柔韧性练习手段，又可以作为专门性柔韧性练习手段，是目前比较好的练习方法。其是一种高级的静态牵拉，因此运用在训练比赛前的效果还需要进一步观察研究。此外，运用此技术需要两个人配合，熟练后才能取得最佳效果。

六、柔韧性训练需注意的问题

（一） 发展柔韧性与力量相结合

发展柔韧性与力量相结合，可以避免或消除两者之间不良转移，而且有助于两种素质的协调发展。柔韧性训练后要十分注意放松练习，以使肌肉柔而不软，韧而不僵。

（二） 柔韧性与温度和时间的关系

外界温度过高或过低，将会影响肌肉的状态，影响到肌肉的拉伸能力。一般地说，当外界温度在 18℃时，有利于柔韧性的表现。在一天之内，早晨柔韧性明显降低，10 ~18

时可表现出较好的柔韧性。但这不等于早晚不能进行柔韧性训练，只要做好准备活动，一天之内任何时候都可以进行柔韧性练习。

（三） 柔韧性训练要经常保持

柔韧性提高速度较快，但消退也比较快，因此，需要经常保持。如果处于专门提高关节活动幅度阶段，应该每天都要安排柔韧性的练习。在保持阶段，一周安排可不超过3～4次，训练量也可减少。但在全年训练任何一个时期，都应安排发展或保持柔韧性练习。

（四） 充分做好准备活动

良好的热身有利于提高拉伸效果。如果拉伸练习之前准备活动不充分，那么就容易造成韧带受伤。开始练习之前，进行短时间的放松慢跑，提高拉伸肌肉群的血流量。

（五） 柔韧性练习的安排

训练时，全面的柔韧性练习（30min 高质量的练习）最好安排在大运动量身体训练结束后（所有肌肉群都充分参与了活动）进行。该安排有利于稳定球员生理和心理上的反应、降低肌肉酸痛，为下次身体和技术技巧训练做好准备。

（六） 少儿柔韧性训练的注意事项

1. 发展少儿柔韧性训练较为容易，这是因为少儿与成年人相比，关节面角度大，关节面的软骨厚，关节内外的韧带较松驰等缘故。一般地说，要抓紧 7 岁以前进行柔韧性练习，力争在 12 岁以前使柔韧性得到较好的发展。

2. 少儿柔韧性练习，应多用“缓慢式”和“主动”活动。这是因为儿少关节牢固性差、骨骼易弯曲变形，长时间用力掰、压等，容易造成关节、韧带的损伤和骨骼的变形，不利于促进孩子的健康成长。

3. 少年在 13～16 岁之间生长发育较快，少年的身高、体重明显增加，柔韧性下降，骨骼能承担的负荷较弱，易出现骨骼损伤，因此，要防止过分扭转肌肉骨骼的活动，以免造成损伤。16 岁以后，可逐渐加大柔韧性练习的负荷量和负荷强度。

七、柔韧性测试【自学内容】

由于实践中常用关节活动度反映柔韧性，因此柔韧性测试主要也采用这一指标。在临床实践中，测量关节活动度主要用关节活动尺，得到关节主动和被动活动的角度。这一方法在临床康复中应用较多。在损伤发生后，局部结缔组织发生挛缩；而手术后，关节周围软组织充血水肿，造成局部结缔组织粘连，长时间卧床等因素都使关节活动度下降。通过测量关节活动度，可以用来评价不同阶段关节活动恢复情况。

而具体的测试则延伸出很多方法，不同关节都有特定的测试方法，目前普遍应用的是用坐位体前屈反映全身柔韧性。美国最早提出了这一方法。美国运动医学会体适能检测项目中柔韧素质的器材设备为：具有刻度的标准伸缩标尺箱。测量方法为：受试者坐姿、膝关节完全牵拉、双脚分开与肩同宽、脚底紧贴于测验箱的垂直面、手臂完全牵拉、掌心向下、双手重叠。测验时，直接以手的中指接触移动板，并沿测量刻度方向，慢慢往前推动4次，并在第4次最远距离时，维持姿势1 s。测试过程中，膝关节保持完全牵拉，脚掌与测验箱的垂直面完全接触。手臂往前推时，速度应稳定且和缓，如有发生滑尺现象时，应予重做。总体来说，应用这一单一测试方法评价全身柔韧性是比较粗糙的，适用于大规模人口体质普查及青少年体质监测等。

对于专业运动员应该根据项目需要进行目标关节活动范围的测试，测试规范可参考相关资料。关节活动范围标准大体相同，部分项目由于技术动作原因可能存在特殊标准要求。

第二节　柔韧性基本练习【自学内容】

开始练习之前，通常进行短时间的慢跑，充分做好准备活动，提高牵拉肌肉群的血流量。如果牵拉练习之前准备活动不充分，再加上气温低及不恰当的拉伸方法，就容易造成损伤。日常牵拉计划要与训练比赛的安排相符，牵拉的部位要满足运动的需要，牵拉练习的类型也要与运动内容所匹配。练习通常从身体中心开始，即背部、臀部和大腿后肌群，这些大肌群能够影响到其他部位，并且有利于较小肌群的进一步拉伸。

一、静态牵拉

在开始静态牵拉练习之前，需要记住一些牵拉技术的基本原则：

范围：各主要肌肉群

顺序：下肢—躯干—肩臂—颈

次数：1~2次/天　2~3组/次

方式：静态牵拉，放松肌肉

强度：最大强度的30%~40%，无痛牵拉

持续时间：20 s~30 s

下面介绍的是常用的自主牵拉动作：

（一）跪姿髂腰肌牵拉

动作目的：放松髂腰肌，增加伸髋活动范围。

动作步骤：如图6－1所示，左脚向前跨一步，右膝跪地，右手放于臀部向前推髋，收腹并向前挺髋，直到感觉大腿与腹部结合处的前侧有牵拉感。双腿交替练习。

指导要点：注意收腹，骨盆保持在中立位没有旋转，前膝关节不超过足尖，身体保持中正直立位，没有前倾。

图6－1　跪姿髂腰肌牵拉

（二）侧卧股四头肌牵拉

动作目的：放松股四头肌，增加伸髋活动范围。

动作步骤：如图6－2所示，身体侧卧，向头部上方伸直左臂，将头部枕在左上臂。屈右膝，右手握住右脚踝，将右踝拉向臀部，至大腿前部股四头肌感受到明显牵拉感为止。双腿交替练习。

指导要点：注意收腹，骨盆保持中立位没有旋转，右腿与地面平行。

图6－2　侧卧股四头肌牵拉

（三） 跪姿臀部肌群牵拉

动作目的：放松臀部肌肉群，增加屈髋活动范围。

动作步骤：如图 6 – 3 所示，前腿屈曲内收贴地，后腿后伸，身体向内、前、外倾斜分别牵拉臀部肌肉的内侧、中部、外侧。

指导要点：注意挺胸以保持脊柱的平直，尽力屈髋而不是弓背。

图 6 –3　跪姿臀部肌群牵拉

（四） 坐位髋内收肌群牵拉

动作目的：放松髋内收肌群，增加髋外展活动范围。

动作步骤：按图 6 – 4 所示，坐在地板或垫子上，足底合并在一起。将前臂或肘部放在大腿内侧，双肘抵住双膝，俯身前压。

指导要点：保持挺胸姿势俯身前压，以腹部靠近足部，感受大腿内侧肌群牵拉感。

图 6 –4　坐位髋内收肌群牵拉

（五） 俯卧位腹部肌肉牵拉

动作目的：放松腹部肌肉，增加躯干伸展与旋转活动幅度。

动作步骤：如图 6 – 5 所示，俯卧位，双手伸直撑地，保持下肢及髋关节紧贴地面。躯干后伸，直至腹部肌肉感受到中等程度的牵拉感。

指导要点：注意保持脊柱中立位（没有侧偏）下开始伸展；一旦牵拉过程出现下腰部不适者立即停止，腰部损伤者不宜进行此牵拉。

图 6－5　俯卧位腹部肌肉牵拉

（六） 大腿后侧肌肉群牵拉

动作目的：放松股后肌群。

动作步骤：如图 6－6 所示，尽可能笔直地坐在地板上，双腿并行朝前伸直。弯曲右腿，右脚底板靠在膝关节以上的大腿内侧。双手抱住左脚前脚掌，身体前倾，感受到大腿后肌肉牵拉感。双腿交替完成。

指导要点：为增加单腿牵拉效果可屈曲非牵拉侧膝关节；尽力挺胸以腹部下压以增加牵拉强度；如弓背完成此动作则会同步牵拉背部，但是会减少股后肌群牵拉幅度（图示为下背与股后同步牵拉）。

图 6－6　大腿后侧肌肉群牵拉

（七） 小腿后侧肌肉群牵拉

动作目的：放松小腿后群肌肉，增加踝背屈活动范围。

动作步骤：如图 6－7 所示，俯身，双手与单足支撑，重心后移直至感受到小腿后部肌肉牵拉感。

指导要点：保持足跟贴地，可分别在膝关节伸直和略屈曲位完成此动作，分别牵拉放松跨膝关节的腓肠肌和不跨膝关节的比目鱼肌。

图 6－7　小腿后侧肌肉群牵拉

（八）俯卧躯干旋转肌群牵拉

动作目的：放松躯干旋转肌群，包括腹部内外斜肌、脊柱周围小肌肉群；增加躯干旋转活动范围。

动作步骤：如图 6－8 所示，俯卧，双臂展开平贴地面，转髋屈膝外展，后伸一侧腿向对侧手臂方向主动拉伸，感受到腹部肌肉与脊柱周围牵拉感。

指导要点：注意尽力保持双臂伸直平贴地面，脊柱中立位没有侧弯，下方腿伸直以方便旋转（上方腿可屈膝）。

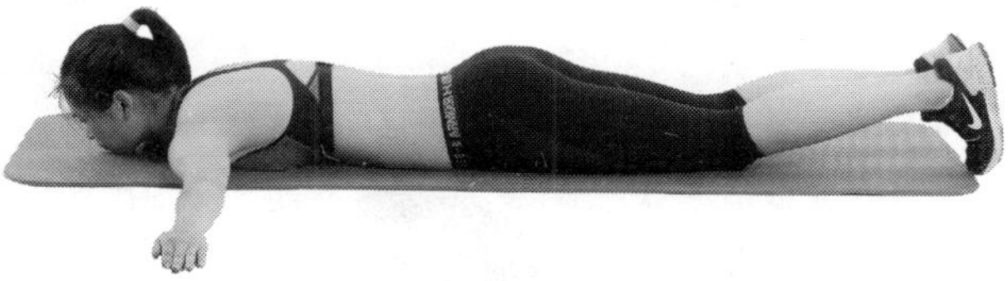

图 6－8　俯卧躯干旋转肌群牵拉

（九）仰卧背部肌群牵拉

动作目的：放松背部肌群；增加躯干旋转活动范围。

动作步骤：如图 6－9 所示，平躺展开双臂平贴于地面，掌心朝上。右腿直腿上抬，然后向左侧转髋，同时头部转向右侧。动作要缓慢，逐渐增加动作幅度。双侧交替进行。

指导要点：尽力保持肩关节贴于地面，脊柱中立位没有侧弯，下方腿微屈以方便旋转（上方腿可屈膝）。

图6-9　仰卧背部肌群牵拉

（十）垫上胸部及肩前部牵拉

动作目的：放松肩前及胸部肌肉群，增加肩外展位后伸活动范围。

动作步骤：如图6-10所示，一侧肩部外展，手臂平放于体侧完成动作，感受到前胸部牵拉感，双侧交替完成牵拉。

指导要点：在肩水平外展位完成牵拉后，可适度上下移动手臂，以分别牵拉放松肩部与胸部肌肉群的上下部。

图6-10　垫上胸部及肩前部牵拉

（十一）三角肌后束及中束牵拉

动作目的：放松三角肌后束及中束肌肉；增加肩关节活动范围。

动作步骤：如图6-11所示，右侧手臂伸直，左臂屈肘，将右臂向左肩方向拉伸，可适当向左下方拉伸，感受到三角肌后束、中束及肩关节周围牵拉感。

指导要点：注意牵拉一侧手臂肘关节低于肩关节，上下角度调整，多方向牵拉。

图 6－11　三角肌后束及中束牵拉

（十二）前臂放松

动作目的：放松前臂屈伸肌群，增加手腕屈伸活动范围。

动作步骤：如图 6－12 所示，双手分别背屈、背伸位完成牵拉动作，保持双臂伸直分别感受到前臂前后侧肌肉牵拉感。

指导要点：保持身体稳定，手掌的充分伸展；可在手腕屈伸位置下旋转前臂，牵拉放松小臂前后肌肉群的不同部位。

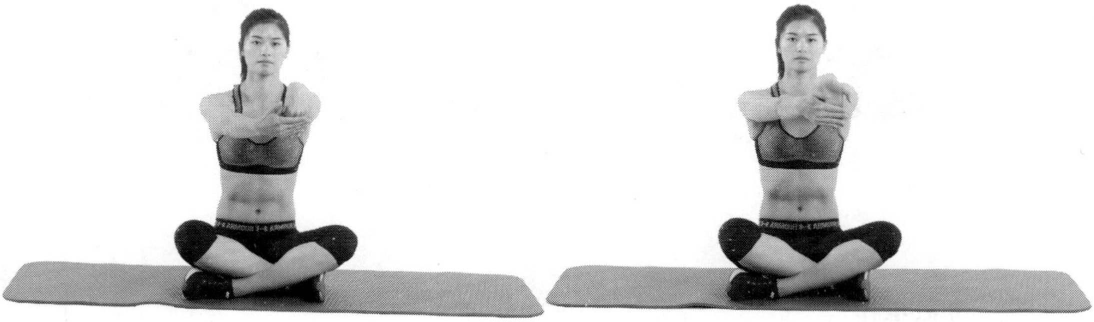

图 6－12　前臂放松

（十三）坐位颈部牵拉

动作目的：放松颈部周围肌肉群，增加颈部屈伸、旋转与侧偏的活动范围。

动作步骤：如图 6－13 所示，在颈部屈伸、侧屈以及旋转位下进行牵拉，感受颈部各组肌群的紧张感。

指导要点：保持躯干的中立位与稳定；在颈椎的中立位下开始动作，每次完成颈部一个方向的牵拉动作；适度牵拉，避免任何引发疼痛的动作。

图 6－13　坐位颈部牵拉

二、动态牵拉

在进行动态牵拉时，要遵循前面所述的注意事项，按要求进行。下面介绍的是常用的动态牵拉动作，在训练中可以自由选择组合方式。

（一） 抱膝提踵

动作目的：拉伸臀大肌和腘绳肌，增加髋关节活动度。

动作及指导要点：如图 6－14 所示，在行进间进行拉伸，双手抱膝，使大腿向胸部靠近，抬起脚背屈，身体直立，保持平衡，支撑腿在抬起腿抬起后提踵。动作幅度逐渐增大。最大幅度保持 2 s～3 s，感受肌肉牵拉，交替进行。

图 6－14　抱膝提踵

（二） 抱膝髋外旋提踵

动作目的：拉伸臀部肌肉，增加髋关节活动度。

动作及指导要点：如图 6－15 所示，在行进间进行拉伸，一只手抱膝，一只手抱踝，髋关节外旋，小腿与地面保持平行，身体直立，保持平衡，支撑腿在抬起腿抬起后提踵。动作幅度逐渐增大。最大幅度保持 2 s～3 s，感受肌肉牵拉，交替进行。

图 6－15　抱膝髋外旋提踵

（三） 勾脚前屈

动作目的：拉伸大腿及小腿后侧肌群，增加踝关节活动度。

动作及指导要点：如图 6－16 所示，在行进间进行拉伸，收腹挺胸，目视前下方，勾起一侧脚尖，双手沿膝关节到脚踝最后止于脚尖。缓慢向下，感受大腿及小腿后侧肌肉牵拉，注意牵拉要慢，两侧交替进行。

图 6－16　勾脚前屈

（四） 燕式平衡

动作目的：拉伸大腿前侧肌群及对侧大腿后侧肌群；增加身体平衡控制能力。

动作及指导要点：如图 6－17 所示，在行进间进行拉伸，一只手握住脚背，后退屈膝，身体前倾与地面平行；一只手向前伸展，上身保持正直，髋关节不能出现旋转，尽量保持一条直线。动作幅度逐渐增大，最大幅度保持 2 s～3 s，感受肌肉牵拉，交替进行。

图 6－17　燕式平衡

（五） 蠕动爬行

动作目的：拉伸大腿后侧肌肉。

动作及指导要点：如图 6－18 所示，屈身开始，双手慢慢向前爬行，双脚位置不变；双手爬行至身体完全打开时，双脚脚尖点地，小步向前行进，双腿保持伸直或微屈。双脚向前拉伸过程中动作要徐缓，感受肌肉拉伸。

图 6－18　蠕动爬行

（六） 相扑式深蹲

动作目的：拉伸腿部后侧肌群及大腿内侧肌肉，调整深蹲姿势，增加平衡稳定性。

动作及指导要点：如图 6－19 所示，双脚开立宽于肩，双手抓住两脚尖，感受腿后肌群牵拉，为开始姿态。目视前方向下做深蹲，双肘处于两膝之间，臀部尽量接触小腿，感受大腿内侧肌群拉伸。上身保持挺直。重复蹲起。注意保持平衡，膝关节不超过脚尖，保持同一方向。

（七） 双腿交叉体前屈

动作目的：拉伸大腿后侧肌群。

动作及指导要点：如图 6－20 所示，双腿交叉站立，左腿在前，右腿在后，保持膝盖伸直，双脚之间保持适当距离。屈髋弯腰双手向下触摸右脚。感受右腿后群肌肉牵拉。双腿交替进行，横向移动牵拉。注意牵拉腿要保持伸直，双脚可在同一直线上或后腿稍向后。

图 6－19 相扑式深蹲

图 6－20 双腿交叉体前屈

（八） 侧弓步

动作目的：拉伸大腿内侧肌肉，增加髋关节活动度。

动作及指导要点：如图 6－21 所示，双手放于胸前，保持平衡。右腿向一侧跨出，屈髋屈膝，保持膝盖与脚尖在同一方向，重心落在脚后跟，膝关节不要超过脚尖；上身尽量保持挺直，可稍向前倾，两腿交替进行。

图 6 -21　侧弓步

（九） 弓箭步转体

动作目的：拉伸下肢肌肉，增加髋关节活动度及拉伸腹内外斜肌。

动作及指导要点：如图 6 -22 所示，屈膝 90°向前迈出一条腿，保持膝关节与脚尖在同一方向，后腿屈膝，膝关节距地面 2 cm ~5 cm，前脚掌撑地，成前弓箭步；前腿一侧手臂向后下方对侧脚部拉伸，另一只手臂向上举起。逐渐增大幅度，最大幅度保持 2 s ~3 s，感受肌肉拉伸。双侧交替进行。

图 6－22　弓箭步转体

（十）最伟大拉伸

动作目的：全面拉伸上下肢及躯干大肌肉群，增加髋关节，肩关节活动度。

动作及指导要点：如图 6－23 所示，向前做弓步，身体前倾，前腿同侧手臂屈肘 90°，肘关节向同侧脚内部接触，拉伸背部；一只手撑地，前腿同侧手臂外展，拉伸胸部及肩关节；最后前腿伸膝，勾起脚尖，双手两侧撑地，拉伸大腿后侧肌肉及小腿后侧肌肉。逐渐增大幅度，最大幅度保持 2 s～3 s，感受肌肉牵拉，双侧交替进行。

图 6－23　最伟大拉伸

续图 6－23　最伟大拉伸

（十一）提膝摆臂

动作目的：拉伸胸部，增加肩关节活动度。

动作及指导要点：如图 6－24 所示，行进间进行拉伸，上身保持挺直，双臂放松，一上一下，进行前后摆臂。协调进行，保持一定节奏，逐渐增大动作幅度，感受肌肉牵拉。

图 6－24　提膝摆臂

（十二） 上踢触够

动作目的：拉伸背部及大腿后侧肌肉。

动作及指导要点：如图 6－25 所示，原地或行进间进行拉伸，异侧手脚接触，保持膝关节伸直，对侧手臂自然后摆，协调进行，保持一定节奏。逐渐增大动作幅度，感受肌肉牵拉。

图 6－25 上踢触够

（十三） 侧向转髋拉伸

动作目的：增加髋关节灵活性，拉伸腹内外斜肌，增加协调性。

动作及指导要点：如图 6－26 所示，双手水平向两侧伸展，双脚站立与肩同宽，左腿屈膝 90°前交叉步向右侧跨出一步，落在右腿前侧，双臂向右摆；然后左腿快速后交叉步，落在右腿后面，双臂相应向左摆，交替进行。注意协调性，保持一定节奏，逐渐增加髋关节活动度和练习速度。

图 6－26 侧向转髋拉伸

三、PNF 拉伸

在进行 PNF 拉伸时，要注意以下事项：1. 三个步骤。（1）牵伸者主动拉长被牵伸的肌肉（靶肌肉）；（2）牵伸者等长收缩靶肌肉 6 s～10 s（约 2～3 个循环呼吸）；（3）牵伸者主动牵伸靶肌肉到新的活动范围。2. 牵伸者应承担主动角色。3. 募集更多的肌肉以提高神经肌肉功能。4. 运动口令指导牵伸。5. 保持正常呼吸。6. 拉伸体位的正确性。7. 注意代偿模式。

下面介绍常用 PNF 拉伸动作。

（一）仰卧位臀大肌牵拉（图 6－27）

动作目的：放松臀大肌，改善臀大肌柔韧性、提高髋关节活动度。

动作步骤：

（1）被牵拉者仰卧，髋关节屈曲、膝关节尽量屈曲靠近胸部，搭档可协助其移动到靠近胸部位置，直到感觉臀大肌明显被牵拉；

（2）搭档右手放到膝关节后方，为臀大肌的等长收缩提供阻力；

（3）被牵拉者缓慢收缩臀大肌对抗搭档手部的阻力，维持臀大肌等长收缩的姿势，持续 6 s～10 s；

（4）被牵拉者保持等长收缩后放松，在深呼气时，搭档移动受试者的腿靠向胸部，加深对臀大肌的牵伸；

（5）重复上述动作 2～3 次。

指导要点：牵拉过程中确保骨盆处在中立位，动作重复不超过 3 次，以防止肌肉拉伤。

（二）仰卧位直腿牵拉腘绳肌（图 6－28）

动作目的：放松腘绳肌，改善腘绳肌柔韧性，提高髋关节屈曲活动度。

动作步骤：

（1）被牵拉者仰卧位，尽量直腿抬高牵拉侧腿，搭档可协助其被动移动到腘绳肌明显被牵拉的位置；

（2）搭档摆好体位，为腘绳肌收缩提供阻力；

（3）被牵拉者缓慢收缩腘绳肌对抗搭档手部的阻力，维持腘绳肌等长收缩的姿势，持续 6 s～10 s；

（4）被牵拉者等长收缩后放松，在深呼气时，股四头肌主动收缩的同时搭档推动被牵拉者的腿到更大的拉伸位置，加深对腘绳肌的牵伸；

（5）重复上述动作 2～3 次。

指导要点：牵拉过程中确保骨盆处在中立位，膝关节伸直，动作重复不超过 3 次，以防止肌肉拉伤。

图 6－27　仰卧位臀大肌牵拉

图 6－28　仰卧位直腿牵拉腘绳肌

（三） 股四头肌牵拉 （图 6－29）

动作目的：放松股四头肌。

动作步骤：

（1）被牵拉者俯卧位，膝关节尽可能屈曲，感受股四头肌有拉长感觉。搭档摆好体位，轻压被牵拉者腿部使其足跟贴近臀部；

（2）搭档用双手和自身体重抵住被牵拉者踝部，为股四头肌收缩提供阻力；

（3）被牵拉者伸腿对抗搭档等长收缩 6 s～10 s；

（4）被牵拉者放松，深吸气，当被牵拉者呼气时，搭档帮助被牵拉者加大对股四头肌的牵拉程度；

（5）重复上述动作 2～3 次。

指导要点：牵拉过程中被牵拉者保持髋关节平放在治疗台上。

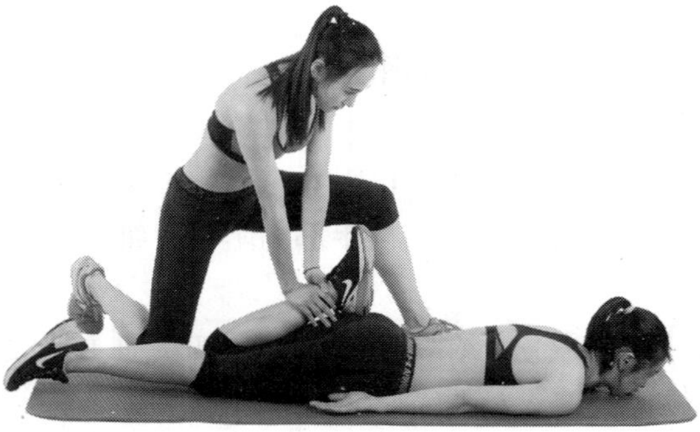
图 6－29　股四头肌牵拉

（四）俯卧位牵伸髂腰肌（图6－30）

动作目的：放松髂腰肌，改善髋关节伸展。

动作步骤：

（1）被牵拉者俯卧位，屈曲膝关节，通过伸髋肌群使其腿尽量抬起，使髂腰肌有牵拉感；

（2）搭档在受试者膝关节上方用力，以提供髂腰肌等长收缩的阻力；

（3）指导被牵拉者缓慢收缩髂腰肌，等长收缩持续 6 s ~ 10 s；

（4）被牵拉者放松并深吸气，在此期间，保持腿部处于起始位置，随着吸气，收缩伸髋肌群使腿部抬得更高，加深对腰肌的牵伸。

（5）重复上述动作 2 ~ 3 次。

指导要点：牵伸过程中确保受试者的髋关节平放在治疗床上，髂腰肌等长对抗时要使臀大肌放松。

图6－30 俯卧位牵伸髂腰肌

（五）坐位牵拉背伸肌群（图6－31）

图6－31 坐位牵拉背伸肌群

动作目的：放松背部肌肉，提高躯干的屈曲能力。

动作步骤：

（1）被牵拉者坐位，膝关节微屈，身体尽量向前倾斜，搭档推动牵拉者腰部到最大的活动幅度；

（2）搭档将两只手放在受试者腰部，提供背伸肌群等长收缩的阻力；

(3) 被牵拉者缓慢收缩背肌对抗搭档手部的阻力，维持背伸肌群等长收缩的姿势，持续6 s～10 s；

(4) 被牵拉者等长收缩后放松，在深呼气时，主动收缩腹直肌和髂腰肌，同时搭档推动被牵拉者的背部到更大的拉伸位置，加深对背伸肌群的牵伸；

(5) 重复上述动作2～3次。

指导要点：牵拉过程中保持头部和脊柱在一条直线上，在无痛的范围内进行牵拉。

（六）坐位胸大肌牵拉（图6－32）

动作目的：放松胸大肌，改善肩关节外展、后伸和外旋的功能。

动作步骤：

(1) 被牵拉者坐位，两手指交叉放于后脑勺部，两肘尽量外展，使胸大肌拉长到最大范围；

(2) 搭档摆好体位，为胸大肌收缩提供阻力；

(3) 被牵拉者缓慢收缩胸大肌，使两肘向中间靠拢，保持胸大肌等长收缩6 s～10 s；

(4) 等长收缩放松后，被牵拉者深呼气，搭档向后用力，将被牵拉者两肘尽量往后伸展，加大对胸大肌的牵拉；

(5) 重复上述动作2～3次。

指导要点：牵伸过程中，保持躯干处于中立位，防止牵拉过程中胸椎、腰椎的过伸，可改变两肘的高度，牵拉胸大肌的不同部位。

（七）坐位牵拉肱三头肌（图6－33）

动作目的：放松肱三头肌，改善肘关节的屈曲功能。

动作步骤：

(1) 被牵拉者坐位，牵拉一侧上臂尽量外展，肘关节屈曲到肱三头肌感觉到牵拉的位置；

(2) 搭档摆好体位，一手放于肘关节，一手放于肩胛骨，稳定关节位置，为肱三头肌收缩提供阻力；

(3) 被牵拉者缓慢等长收缩肱三头肌，保持6 s～10 s；

(4) 等长收缩放松后，被牵拉者深呼气，搭档推动肘关节向后方用力，口头指导尽量抬上臂，屈曲肘关节，进一步拉伸肱三头肌；

(5) 重复上述动作2～3次。

指导要点：牵拉时，保持背部伸直，拉伸侧手臂前臂尽量贴近大臂。

图6－32　坐位胸大肌牵拉

图6－33　坐位牵拉肱三头肌

思考题

1. 如何评价运动员的柔韧性?
2. 柔韧性的影响因素有哪些?
3. 静力性牵拉的优点和缺点分别是什么?
4. 运动前、运动后分别如何牵拉放松肌肉? 说明理由。
5. 动态牵拉的作用有哪些?
6. PNF 拉伸原理及拉伸时主要步骤和注意要点是什么?

第七章　核心稳定性训练

一、核心稳定性概述

（一） 稳定性

稳定性可以指任何一个关节在运动中的稳定程度。人体力量的产生大都是围绕支点进行的，人体运动支点的稳定程度直接影响力量的大小。在竞技体育中，肩袖、髋关节复合体、踝关节复合体的稳定性是必要的，它在改善关节运动功能中起着重要作用。试想一辆汽车，轮胎松动了，在行驶时不停摇摆，即使它拥有全新的顶级发动机，也不能高速平稳地行驶。

稳定性可以保障肢体之间进行动量及力的传递。稳定性差肢体之间的动量和力在传递过程中被损耗，从而使技术的经济性受到影响。稳定性并非完全是局部肌肉力量的表现，而是多肌肉参与、多关节运动相互协调的表现。它往往通过提高力量、协调能力、平衡能力以及动作的有效性来提高身体的控制能力。稳定性可以分为动态和静态两类。静态稳定性是对姿势和平衡的保持。动态稳定性是对维持动作的产生和控制的能力。

稳定性按身体部位划分，可以分为下肢关节、核心部位和上肢关节三个部位的稳定性。例如，足球运动中，射门技术往往是在单腿支撑的状况下完成的，因此支撑腿的稳定性是完成技术的关键。

（二） 核心稳定性

核心稳定性（Core Stability）又可称为躯干稳定性（Trunk Stability），是指人体在运动中，处于身体躯干部位关节肌肉有效传递能量和保持身体姿势的能力。核心稳定性的提高，在全身性运动过程中使机体成为一个有机的整体，可以有效地进行能量或力的传递，有效完成肢体的屈伸、旋转运动。躯干的功能可以概括为屈伸、扭转及控制。然而脊椎动物脊椎或骨盆被视为一个“能源泄漏点”，由于该部位的薄弱，身体不能稳定结合在某一特定的点上，造成力的浪费，影响四肢动作的质量，因此，躯干部位在运动中具有重要的意义。

根据躯干的运动特点，核心稳定性分为屈伸稳定性和旋转稳定性。

屈伸稳定性：对完成对称的上肢运动所表现出来的躯干在矢状面中的稳定程度。运动中很多专项动作对躯干屈伸稳定性提出要求，以便把力量均匀地从下肢传到上肢，反之亦然。如篮球中抢篮板球、排球的拦网等动作都是这种能量传递的例子。对称性跳跃动作及传球动作中很多涉及躯干的屈伸稳定性，躯干主要能够很好地进行上下之间力和动量的传递。

旋转稳定性：对于上肢和下肢进行不对称活动时，躯干在矢状面和额状面稳定性要求。例如，短跑运动员在跑动过程中，骨盆反复旋转，因此，躯干保持旋转的稳定性是短跑运动员取得优异成绩较为关键的因素。

核心稳定性在完成四肢对称和非对称动作时起到非常重要的作用。一些教练员关注四肢肌肉力量的发展而忽视核心部位的训练，导致运动员核心稳定性薄弱，影响运动的效益。此外，核心部位的训练不仅仅要关注核心力量训练，还要充分重视核心稳定性训练。不同运动项目对核心部位肌肉的需求是不同的，应当依据核心部位在运动中的功能选择相应的练习。例如，仰卧起坐练习中，很好地发展了腹直肌，而对腹横肌和多裂肌的作用并不大，因此，针对短跑运动员而言，仰卧起坐训练效果并不理想。

（三）核心稳定性的训练意义

- 改善身体姿态。
- 稳定肢体，保证较好的能量传递，用力更有效，提高速度。
- 改善平衡和肌肉协调。
- 能够很好地控制冲力，增加变向能力。
- 降低受伤概率。

二、核心稳定性涉及的肌肉及生理学特性

（一）核心稳定性涉及的肌肉

根据核心部位肌肉的运动特征，肌群分为运动肌和稳定肌。运动肌居于表层，产生运动，是传统训练中一直重视的大肌群（如腹直肌和竖脊肌）。稳定肌居于深层，能在运动中稳定关节和脊柱，是常常被忽略的肌群（如腹横肌）。（图 7－1）

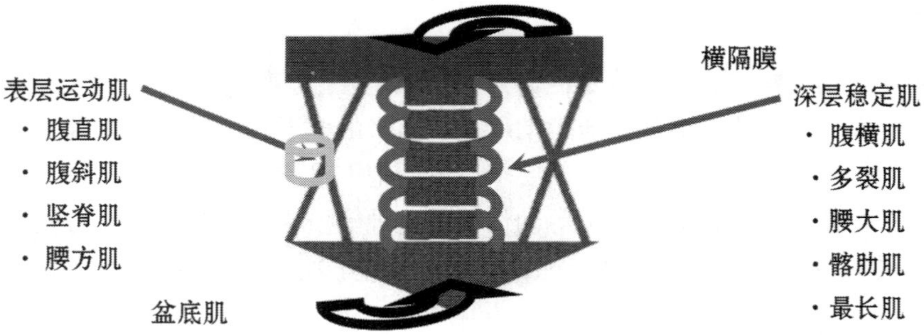

图 7－1 参与核心稳定性的肌肉

（二） 核心部位肌肉的生理学特征

深层稳定肌群主要特点是多分布在深层，多是单关节、肌群小、肌纤维短，如脊椎之间、腰骶之间、骶髂之间的小肌群，主要功能是维持椎体之间、骶髂之间的稳定性。表层运动肌群主要特点是分布表浅，肌肉多是跨关节肌群，肌肉的体积大，肌纤维长，如竖脊肌、髂腰肌等，主要功能是使脊柱屈伸、侧弯、旋转等大范围活动，并可以产生较大的力量。

研究表明，核心部位所有的肌肉都具有稳定功能，在高速运动或是负荷较大的情况下，表层运动肌也发挥其稳定功能。表层运动肌的主要功能并非稳定核心部位，而是在一个稳定的核心部位的基础上驱动躯干和四肢，并有效传递经过核心部位的力量。

表 7－1 核心部位肌肉的生理学特征表

肌群特征	深层稳定肌	表层运动肌
位置	深层	浅层
形状	羽状	梭状
肌纤维构成	以慢肌纤维为主	以快肌纤维为主
主要工作类型	静力性（肌肉长度不变）	动力性（肌肉长度改变）
收缩影响因子	不受动作方向影响	受动作方向影响
激活阻力	低阻力下激活（30% ~40% MVC）；优先动员	高阻力下激活（大于 40% MVC）；动员慢于稳定肌
主要功能	主要参与稳定和耐力运动	主要参与快速运动

三、核心稳定性训练设计

（一）训练手段

稳定性训练的手段多样，通过非稳定的条件，完成动力或静力性练习。稳定性训练手段一般包括各种垫上徒手练习、平衡板练习、泡沫筒练习、振动杆练习、气垫练习、滑板练习、瑞士球练习、悬吊练习等。

（二）训练强度

稳定性训练的强度一般不是很大，练习主要通过量的刺激来完成肌肉协调用力和关节稳定控制的。训练强度的变化一般包括以下几种形式。（表 7－2）

表 7－2　核心稳定性训练强度变化形式表

强度变换方法	示例
负重由自身到外加阻力	平衡盘上蹲起到杠铃蹲起
阻力由固定到变阻，由已知到未知	俯卧单腿拉伸瑞士球，踝关节套阻力带
力臂由短到长	悬吊练习的悬吊点由近到远
支撑面由大到小	双腿（臂）支撑到单腿（臂）支撑
支撑面由稳定到非稳定	支撑于地上到平衡板、平衡垫或瑞士球上
解剖面由单一到多元	由屈伸到扭转屈伸
收缩形式由等长到等张	静力性到动力性
运动幅度和范围由小到大	在平衡板上蹲起由半蹲到深蹲
关节由单关节到多关节	跪撑到直体撑
信息反馈机制由多到少	闭眼或不给予语言提示

（三）训练难度升级

稳定性训练遵循由易到难逐渐增加难度的训练原则。基本遵循由稳定到非稳定、由静态到动态、由徒手到负重的难度递增顺序，各个难度级别都包含了姿态的“稳定”因素，充分体现了先内后外、先小后大、先稳定后运动的训练原则。注意：当运动员在动态练习时，轻松一次做起 20 次或在静态练习维持 90 s 时，应当增加难度。

（四）训练量

核心稳定性训练中，一般每组重复次数在6次以上。练习组数一般为2～3组。运动员在多次反复地对肌肉紧张度的控制以及对多块肌肉不同紧张度的调节中逐渐体会并形成神经对肌肉的准确支配能力，提高核心部位的稳定性以及稳定与不稳定之间快速的变换能力。

（五）动作要求

在完成动态练习时，一般要求动作速度相对较慢；在静态练习时要求肢体保持合理的姿态。另外，练习时注意与呼吸配合。

四、核心稳定性训练方法

（一）悬吊训练方法

同瑞士球一样，悬吊练习起源于康复训练。悬吊训练对提高上肢、下肢以及核心区的稳定性有着很好的作用。在竞技体育运动中，一些运动项目对运动员的关节稳定性要求非常高，另外，为了养护重要关节减免受伤的可能性，悬吊训练成为目前国际上流行的非稳定训练手段之一。静力性动作都是发展稳定性比较好的训练方式，可以有效地锻炼核心部位的深层肌肉，从而提高核心部位的稳定性。动力性动作可以有效地提高运动员在动态非稳定情景下发力和传递力的能力。

悬吊训练的难度一般包括悬吊高度的变化，仰卧、侧卧高度增加难度加大，俯卧高度增加难度减小；悬吊距离的变化，一般距离增加难度加大；支撑部位增加气枕、双肢支撑变成单肢支撑等增加难度。由于悬吊练习难度变化多样，便于调节，这也是悬吊练习受欢迎的重要因素。

1. 下肢悬吊练习

(1) 仰卧双腿悬吊（图7-2）

锻炼部位：腰背、臀部、大腿后群等背侧肌群。

起始姿势：仰卧，双手抱于胸前，双脚悬吊，双肩支撑。

动作描述：向上伸展髋部，身体正直，躯干中立位，保持一定时间。

变换练习：单腿悬吊，增加气枕，变换悬吊绳的高度，双腿外展。

图 7－2　仰卧双腿悬吊

(2) 仰卧单腿悬吊外展（图 7－3）

锻炼部位：悬吊一侧的腰、臀部、大腿后群等背侧肌群。

起始姿势：仰卧，双手抱于胸前，单脚悬吊，双肩支撑。

动作描述：向上伸展髋部，缓慢外展未悬吊一侧下肢。

变换练习：增加悬吊高度，增加悬吊距离，肩部加气枕。

图 7－3　仰卧单腿悬吊腿外展

(3) 俯卧双腿悬吊 (图 7－4)

锻炼部位：腹部、大腿前群等腹侧肌群。

起始姿势：俯卧，双肘支撑地面，与肩同宽，双脚悬吊。

动作描述：向上伸展髋部，缓慢外展双腿。

变换练习：增加悬吊距离，增加难度；肘部加气枕；单腿悬吊；腿外展。

图 7－4　俯卧双腿悬吊

（4）单腿悬吊侧向支撑外展（图7－5）

锻炼部位：悬吊一侧的侧腹、臀、大腿外侧肌群。

起始姿势：侧卧，双手环抱，靠近地面一侧下肢悬吊，肩部支撑。

动作描述：向上伸展髋部，身体成一条直线，缓慢外展未悬吊一侧腿。

图7－5　单腿悬吊侧向支撑外展腿

（5）侧卧内收大腿（图7－6）

锻炼部位：悬吊一侧内收肌群。

起始姿势：侧卧，下侧肩支撑地面，上侧臂置于身侧，上侧腿悬吊，下侧腿触地。

动作描述：髋部向上伸展，身体成一条直线，吊腿主动下压，缓慢内收下侧大腿，两腿并拢。

图 7－6　侧卧内收大腿

（6）俯卧屈膝屈髋（图 7－7）

锻炼部位：动态腹肌稳定性练习。发展大腿前侧肌群及腹肌。

起始姿势：俯卧，双肘支撑，与肩同宽，双脚悬吊。

动作描述：向上伸髋，缓慢屈髋、屈膝，使大腿尽量靠近躯干。

变换练习：单腿悬吊屈伸髋膝。

（7）俯卧转髋（图 7－8）

锻炼部位：侧腹、旋转髋部的肌群。

起始姿势：俯卧，双肘支撑，与肩同宽，双脚悬吊。

动作描述：缓慢屈髋、屈膝，同时髋向一侧旋转；然后再缓慢伸膝、伸髋恢复到起始姿势。

变换练习：单腿悬吊，完成该动作。

图 7－7 俯卧屈膝屈髋

图 7－8 俯卧转髋

(8) 仰卧双腿悬吊屈膝（图7－9）

锻炼部位：大腿后群、背肌。

起始姿势：仰卧，双手环抱，双脚悬吊，双肩支撑。

动作描述：向上伸展髋部，保持髋部伸展，身体平直后，缓慢屈一侧膝，尽力使膝关节靠近胸部，另一侧保持平直，两侧交替练习。

变换练习：单腿悬吊。

图7－9　仰卧双腿悬吊屈膝

（9）蹲起练习（图 7－10）

锻炼部位：大腿前群刺激最为明显、踝关节稳定性。

起始姿势：双脚立于悬吊环上。

动作描述：缓慢蹲起，膝关节屈曲方向与脚尖一致；双腿外展、内收等动作（可结合专项）。

变换练习：闭眼；单腿支撑。

图 7－10 蹲起练习

（10）单腿蹲（图 7－11）

锻炼部位：臀大肌、股四头肌、腘绳肌。

起始姿势：右脚穿过把手固定住且全程离地，左腿往前迈出一大步呈箭步蹲，收紧核心部位控制平衡。

动作描述：下蹲至股骨与地面平行，动作过程中膝关节尽量不要超过脚尖。

图7－11　单腿蹲

2. 上肢悬吊练习（图7－12）

(1) 跪姿推拉悬吊绳

锻炼部位：肩关节、腰腹核心稳定性。

起始姿势：膝跪位，双手握悬吊绳。

动作描述：身体缓慢前倾，至肩部完全伸展，双臂用力下压使身体回到初始位置；运动过程中保持腰腹姿势。

变换练习：站姿推拉或单臂推拉练习。

图7－12　跪姿推拉悬吊绳

(2) 悬吊绳划船练习（图 7－13）
锻炼部位：背阔肌。
起始姿势：双手握绳，身体绷直倾斜。
动作描述：尽可能地上拉身体，并保持整个身体紧绷。
变换练习：单腿站立。

图 7－13　悬吊绳划船练习

(3) 俯卧撑（图 7－14）
锻炼部位：肩关节、前锯肌、胸大肌、肱三头肌。
起始姿势：膝（足）支撑，双手握悬吊绳，身体俯卧、平直。
动作描述：在悬吊绳上做俯卧撑。
变换练习：单腿支撑。

图 7－14　俯卧撑

(4) 单臂转体 (图 7－15)

锻炼部位：腹内外斜肌、股四头肌、竖脊肌。

起始姿势：单手握悬吊绳，另一侧手持哑铃，后倾身体。

动作描述：持哑铃手臂直臂外展向后转体，眼睛紧随哑铃，缓慢还原动作。

图 7－15 单臂转体

(二) 瑞士球训练方法

瑞士球是运动康复的重要手段之一。瑞士球练习可以创造非稳定的环境，在促进肌肉功能恢复和发展关节稳定性方面有着重要的作用。后来被应用到竞技体育领域，并有效地提高了运动员的功能性力量和稳定性。

瑞士球选用一般参照以下参数：

身高/cm	瑞士球半径/cm	瑞士球型号
< 145	35	小型
145 ~ 165	45	中型
165 ~ 185	55	大型
185 ~ 195	65	超大型
> 195	75	最大型

1. 肘撑腹桥（图 7－16）

起始姿势：肘部撑在瑞士球上，肩在肘部正上面，上臂垂直。身体平直，躯干收紧，双脚支撑在地上，与髋同宽，身体保持稳定。

动作描述：身体保持稳定。腹桥平衡练习没有真正的移动，是一个静力性的练习。

进阶和提高：

- 双脚并拢
- 单腿支撑
- 脚下垫平衡垫
- 直臂支撑

图 7－16 肘撑腹桥

2. 腿夹球侧桥（图 7－17）

起始姿势：侧卧在垫子上，肘部髋部支撑，双腿夹瑞士球，勾起脚尖。

运动描述：躯干发力，抬起髋部，内收肌群夹紧球。头部，肩部，髋和膝保持中立位。身体保持稳定。

进阶和提高：

- 髋部负重。

图 7－17 腿夹球侧桥

3. 侧屈（图7－18）

起始姿势：身体侧卧，腰部支撑瑞士球，双腿伸直，双脚蹬住墙固定，双手放于脑后。

动作描述：上体侧屈，身体成一条直线，保持一段时间。结束时，慢慢地将身体放回原位。

注意事项：身体侧屈，保持在一个侧面上，不要前倾、后仰，以及旋转。

图7－18　侧　屈

4. 腹桥提臀（图7－19）

起始姿势：身体俯卧，双手撑地，双腿垫在瑞士球上，收紧躯干，身体保持平直。

运动描述：起始姿势开始，屈髋，尽量提高臀部，同时双腿保持平直，球顺势移向双手。伸髋，匀速回到起始姿势。

注意事项：控制运动的速度，让动作匀速进行，不允许髋部扭转。

进阶和提高：

- 单腿支撑完成动作。

图7－19　腹桥提臀

5. 腿部收展（图 7－20）

起始姿势：身体俯卧，手肘撑住球上方，身体平直成一条直线，上臂垂直，肩部在双肘正上方。

运动描述：左腿支撑，右腿屈髋成 90°，然后弯曲尽量向内收，保持片刻，然后外展大腿。重复一定数量，然后换左腿进行。

注意事项：支撑腿不能弯曲，右腿内收外展过程中不能落地。

进阶和提高：

- 二次屈髋。屈髋内收（或外展）以后，可以进一步屈髋。
- 阻力屈伸。用弹力带或阻力带套在脚踝，增加阻力。

图 7－20　腿部收展

6. 脚撑球俯卧撑（图 7－21）

起始姿势：站在球后面，然后蹲下把腹部放在球的上面，向前滚动直到手接触到地板，慢慢向前移动，直到身体伸直，双脚接触球体。收紧核心区，身体应成一条直线。

运动描述：缓慢屈肘，胸部下降，胸大肌充分拉伸，躯干保持平衡，保持骨盆正直向下。当胸部达到最低处时停留片刻，然后缓慢伸直双臂。

图 7－21　脚撑球俯卧撑

7. 瑞士球上俯卧撑（图 7－22）

起始姿势：双手撑住球体上方，身体俯卧伸展，全身成一条直线，保证大臂垂直向下，肩部在双肘正上方。

运动描述：屈肘，胸部下降贴近球面，腰腹不能放松和塌陷，并且在最低点保持片刻，肩部和骨盆保持正直（保持中立位）。结束时，慢慢伸直肘，回到起始姿势。

进阶和提高：

- 单腿撑地俯卧撑。将一只脚尖离地，用一只脚完成上面的动作。
- 单臂俯卧撑。用一只手臂完成俯卧撑动作。

图 7－22　瑞士球上俯卧撑

8. 上上下下（图 7－23）

起始姿势：身体俯卧伸展，双脚与肩同宽，手肘撑在球体上方，保证大臂垂直向下，肩部在双肘正上方。

运动描述：慢慢地将重心放在右侧肘部，然后左手离开球面伸直，将左手放在原来左肘的位置，然后将右手伸直，在做这个动作的过程中，试着将躯干旋转起来。注意整个过程保持躯干不要弯曲。结束时，将这个动作恢复到手肘支撑的起始姿势。在做这个动作时，需要注意运动节奏，提高动作质量。

进阶和提高：

- 双脚并拢。

图 7－23　上上下下

9. 球上平移（图 7 –24）

起始姿势：坐在球上，慢慢移动球，使臀部离开球体，直到上背部接触球，双脚与肩同宽，使躯干和大腿与地面平行，背桥的重点是保持上体和腿部成一条直线，然后双臂向两侧伸直，躯干与双臂形成一个 T 字。

动作描述：慢慢地向一侧移动身体，在不失掉平衡的情况下尽可能使躯干远离球体，到最远端后，再慢慢地将身体移向另一侧。在整个过程中，一直保持躯干的稳定，身体不要旋转。

进阶和提高：

- 外力推球：同伴轻轻地向左或者向右推动，通过自身努力控制住平衡，将身体慢慢拉回原位。
- 单腿支撑移动：保持身体姿势不变形的情况下，伸直右腿向左移动，反之亦然。

图 7 –24　球上平移

10. 仰卧球上分腿（图7－25）

起始姿势：把球放置在同伴前面（或者是一固定栏杆），可支撑物体的高度是髋关节到地面的距离，如前面的练习一样，坐在球上，身体慢慢移动，上背部接触球面，伸直胳膊抓住支撑物体，抬起双腿，用核心力量来控制动作，保持身体成一条直线与地面平行。

运动描述：将一条腿慢慢抬起，到达所能达到的最高高度，最好是90°，另一条腿向下用力，约下降10°~15°。保持在这个动作1 s~2 s，然后回到起始姿势。

注意：这个动作对下背部和腹部是一个很大的挑战，如果做这个动作感到疼痛，可能是核心力量还不够强壮，可以试着屈膝来完成。

图7－25　仰卧球上分腿

11. 仰卧球上抱拍瑞士球（图7－26）

起始姿势：从桥式姿势开始，双脚着地，与肩同宽，膝关节弯曲90°，肩部完全地贴靠在球面上，双臂紧紧抱球于胸前，肘部微屈但必须固定，保持髋和核心发力维持姿势。

运动描述：同伴站在头后面，给予一定任意方向的推力作用于球上。第二阶段，变换成同伴向下按压，然后撤掉助力，让训练者迅速推起。

注意：如果抱球者偏离了重心，可减少一点阻力。很多训练同伴的错误是推得太轻了，应该施加足够的阻力，以使训练者在失衡点上挣扎。

进阶和提高：

- 把双脚并拢一点。
- 闭上眼睛。
- 同伴频繁改变训练作用力方向。

图7－26　仰卧球上抱拍瑞士球

12. 站姿抱拍瑞士球（图7－27）

起始姿势：运动员手持瑞士球，抱于胸前，屈髋屈膝，上体直立，做好起始姿势。

动作描述：同伴站在运动员前方，用手向任意方向拍打球体，运动员尽力保持固定姿势。

进阶和提高：

- 单脚站立。
- 闭上双眼。

图7－27　站姿抱拍瑞士球

13. 跪姿推拉瑞士球（图7－28）

起始姿势：跪于瑞士球的前方，上体直立，双手撑在球上。

动作描述：身体向前倾，顺势将球向前滚动，直至最远端，尽量保持不要塌腰，用核心力量控制身体的稳定，控制住片刻，然后腹肌及屈髋肌群发力，将球沿原路收回。

注意：将动作尽可能地慢下来效果更好。推球的远度决定练习的强度。

进阶和提高：

- 双膝跪在平衡垫上，增强不平衡界面。
- 站姿推拉瑞士球。

图 7－28　跪姿推拉瑞士球

14. 仰卧腿屈伸（图 7－29）

起始姿势：仰卧于地面上，把球放置于脚和踝的位置，夹紧，双手撑地（或放于腹部）。

动作描述：保持下背部贴靠地面，屈髋屈膝，将球抬起，保持髋关节和膝关节 90°。结束时慢慢地伸直腿部，有控制地回到起始姿势。如果有能力可以有控制地反复进行。

进阶和提高：

- 瑞士球不着地。下落腿部伸直阶段，不要将球接触地面再反复进行。

图 7－29　仰卧腿屈伸

15. 仰卧转髋（图 7－30）

起始姿势：仰卧于地面上，把球放置于脚和踝的位置，夹紧，双手撑地，屈髋 45°左右，抬起双腿，用核心力量来控制好动作。

动作描述：保持髋关节弯曲 45°，并且夹紧球，旋转髋关节，让一条腿围绕另一条腿旋转。

结束时，再换成相反方向旋转，然后慢慢把球放下。依次重复。

注意：练习时，下背部有效地贴靠地面，再做动作，难度加大。

进阶和提高：

动作的难度和腿抬得高度有关系，腿越接近地面，动作越有难度，当然前提是下背部不要离开地面，如果能保证这个前提，腿可以放得更低。

图 7－30　仰卧转髋

16. 俯卧转髋（图 7－31）

起始姿势：将球放于腹下，手撑于地面，双手向前移动，以便于将球滚到双脚的位置，打开双脚夹住球体上部。肩和核心区必须固定。

动作描述：通过转动髋关节，带动球转向旁侧，注意双腿伸直，不要弯曲，躯干保持平直，中立位。结束动作是在旋转以后，保持片刻，然后再转向另外一侧。

注意：开始时下背部不要塌下去，保持核心区用力，并且应该感觉到下腹部有很强烈的感觉，下腰努力保持躯干处于中立位。

图 7－31　俯卧转髋

17. 仰卧推拉瑞士球（图 7－32）

起始姿势：仰卧于地面上，双手伸直向两边打开，双脚搭在球上，大腿后侧、臀部和下腰部有效地用力，身体成一条直线。

动作描述：大腿后侧发力，屈膝，将球往后拉，使得脚掌贴于球面，屈膝成 90°，在运动过程中保持臀大肌用力收缩，保持躯干的中立位。在这个动作上，保持一段时间。结束时，慢慢伸直膝关节，将球推出去，直到整个身体成一条直线。

进阶和提高：

- 变换打球练习：用一个更大的球，增加运动的幅度。
- 阻力带练习：在脚踝上增加助力带，屈膝时会更加具有挑战性。
- 单腿屈膝练习：用单腿练习代替双腿运动。

图 7－32　仰卧推拉瑞士球

18. 俯卧推拉瑞士球（图 7－33）

起始姿势：站在球后面，腹部放在球的上面，向前滚动手接触到地板，慢慢向前爬，直到身体伸直，只有双脚接触球体，收紧核心区域，保持一个强壮的链，身体成一条直线。

动作描述：膝关节向胸部靠拢，注意臀部不要抬起，动作要慢，只有很慢的时候，下腹部才会有强大的挑战。在腹部充分收缩以后，保持 2 s，然后再慢慢伸直，依次重复。

进阶和提高：

- 阻力带练习：在脚踝增加阻力带，增加收腹的难度。
- 俯卧撑组合：可以在进行完一组动作之后增加一个俯卧撑。
- 单腿推拉：用单腿完成推拉瑞士球。

图 7－33　俯卧推拉瑞士球

19. 肘撑瑞士球扩胸（图 7－34）

起始姿势：两球合并靠拢，屈肘将小臂分别放在球面上，身体保持正直与地面形成一定角度。

动作描述：做扩胸运动，将球慢慢向两边分开，然后胸大肌发力向中间夹拢。

图 7－34　肘撑瑞士球扩胸

注意：

- 该动作对肩关节的刺激很大，如果有肩伤，避免做该动作。
- 如果脚尖撑地不能进行，试着用双膝撑地，降低难度。

20. 俯卧球上背起（图 7－35）

起始姿势：俯卧于球上，将腹部贴于球面，双脚分开一肩半宽，双手放于耳后。

动作描述：腰背部发力将身体直立，在最高点保持 2 s，然后慢慢放下。重复进行练习。

进阶和提高：

- 双脚垫上平衡垫，可以增加挑战性。
- 一只手向前伸直，一只手伸向旁侧，再完成动作，可能有更大的难度。
- 缩短两腿间的距离，难度增加。

图 7－35　俯卧球上背起

21. 背靠瑞士球半蹲（图 7－36）

起始姿势：将球贴靠在背部，然后靠墙站立，双脚与肩同宽，脚后跟离墙角大约 2 尺～3 尺。

动作描述：保持上体直立，然后慢慢屈膝至 90°，大腿与地面平行，保持 1 s，然后慢慢站立，依次重复进行。

注意：膝关节不要超过脚尖。如未到 90°，膝关节就超过脚尖了，可以将双脚向前站立，反之，向后站立。

进阶和提高：

- 在脚上增加平衡垫。
- 用单腿进行动作。

图 7 - 36　背靠瑞士球半蹲

五、核心稳定性评价

反映核心稳定性的指标主要包括屈伸稳定性和旋转稳定性指标。一般来讲，核心稳定性评价不同于核心力量的评价。主要方法是看肢体保持稳定的时间，而非腰腹肌力量的大小。

8 级腹桥测试

准备姿势：手肘支撑，身体俯卧，前臂和脚趾支撑，头、躯干、臀和腿保持直线。

测试程序：

- 1 级 1 分，俯卧支撑，如图 7 - 37 所示，60 s；
- 2 级 3 分，抬右手 15 s；
- 3 级 5 分，抬左手 15 s；
- 4 级 6 分，抬右脚 15 s；
- 5 级 10 分，抬左脚 15 s；
- 6 级 15 分，抬左脚右手 15 s；
- 7 级 25 分，抬右脚左手 15 s；
- 8 级 35 分，回到 1 级姿势 30 s。

测试要求：整个测试中，躯干不能左右上下移动，如有移动停止测试。

测试分数：计算测试达到的级别或统计级别总分。

图 7－37　8 级腹桥测试